「領域」をめぐる分権と統合

「領域」をめぐる
分権と統合

スコットランドから考える

山崎幹根

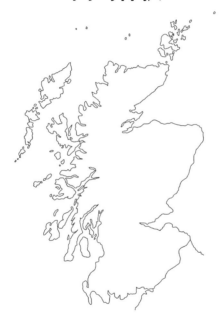

岩波書店

目　　次

はじめに 「領域」から考える国と地方の関係 ………………… 1

第1章　不均一な権限移譲と国家統合 ……………… 21
1　「領域」に対する権限移譲 ………………………… 22
2　連合王国の国家構造 ………………………………… 51
3　ウェスト・ロジアン問題(the West Lothian Question) …… 58
4　「領域」における財政問題 ………………………… 64
5　さまざまなユニオンの結合体としての連合王国 ………… 72

第2章　スコットランド議会・政府の活動と課題 …… 77
1　スコットランド議会と政府の構造 ………………… 78
2　スコットランドの公共政策 ………………………… 94
3　スコットランド政府と全国政府との関係 ………… 104
4　おわりに ……………………………………………… 109

第3章　さまざまな公共政策執行の担い手 …………… 111
1　スコットランドの地方政府 ………………………… 113
2　公共サービスを執行する公的機関 ………………… 136

第4章　現代日本における「領域」と「機能」 ………… 143
1　さまざまな道州制構想・広域行政 ………………… 144
2　道州制特区法の現状と課題 ………………………… 162
　　──「領域Ⅱ」への新たな可能性と限界

おわりに　限定された日本の「領域政治」……………………… 185

あとがき ……………………………………………………………… 193

連合王国の権限移譲 (devolution) に関する略年表　　197
索　　引　　201

はじめに 「領域」から考える国と地方の関係

　本書は，現代国家の中央地方関係において「領域」が政治的意味を有する条件とは何かを考察し，「領域」と「機能」との相互作用から国家の統合形態とその特質を明らかにすることを目的としている．「領域」という言葉は territory の訳語であるが，必ずしも現代日本の政治学，行政学において一般的な用語であるとは言い難い．しかしながら本稿において「領域」という用語をあえて用いる意図は，その対概念である「機能(function)」との関係から，中央地方関係，そして現代国家の統治システムのあり方を考えることが有益であるとの問題意識からである．

　一般に，現代国家の行政は，個々の分野ごとに全国を対象とした画一的な政策が形成され，執行される．すなわち個別分野に基づいて「機能」ごとに政策が形成され，さらには，「機能」ごとに中央の行政組織が編成されることが通常の形態である．このような行政は通常，「機能別省庁」によって担われる[1]．これに対して，特定の空間を単位として編成された行政組織が複数の「機能」を束ねた形で政策を形成，執行する場合や，あるいは全国を対象とした政策とは異なる内容の政策を形成，執行する場合もある．これは「領域別省庁」とよばれる[2]．一方，現代国家の行政は，国家の下位単位である地方政府や，連邦制国家においては州政府によっても形成され，執行される．すな

---

1) 金井利之「空間管理」森田朗編著『行政学の基礎』岩波書店，1998，163-170頁．
2) 同上．

わち「領域」に基づいて組織されている下位の政府は,個々の地方の社会経済的,または政治的な環境との相互作用の中で政策を形成し,執行する.無論,「領域」に基づいた政府の権限は国家と無関係に定められているわけではなく,国家全体の枠組みを形作る憲法構造によって規定されている.さらに,「機能」に基づいた政策は全国を対象に画一性を基本としており,中央政府の各省庁が全国に設置した出先機関が直接,政策を執行する場合もあるし,中央政府が地方政府にこれを委任することによって執行する場合もある.地方政府が中央の政策を委任されて執行する際にしても,地方政府固有の政策として執行する際にしても,「領域」ごとの多様性の余地がどの程度認められるのかは,それぞれの国の憲法構造や,中央政府と地方政府との間で織り成す政治的,行政的関係によって決まる.

そこで本書は,「機能」に基づいた政策の形成・執行との関係に留意しつつ,「領域」に基づいた政治や政策の独自性がどのように生じるのか,そして,国家内部のさまざまな「領域」がどのように統合され,一国の統治システムが形成されるのかに焦点を当てる.そうすることによって,「機能」を中心とした対立と利害調整,統合によって繰り広げられる統治とは異なる政治のあり方を明らかにすることを目指す.そのために本書では,現代日本との比較を念頭に置きながら,現代の連合王国,その中でも特にスコットランド政治を主たる事例として取り上げ,検討する.

連合王国では1990年代末に労働党政権の登場を機に,スコットランド,ウェールズ,北アイルランドにおいて権限移譲(devolution)[3]が実現し,「領域」に基づいた政治が顕在化している.これらの各「領域」における政府の構造や移譲権限の程度は,それぞれの歴史的経緯

---

3) 一般に理解されやすい(地方)分権改革と訳されることもある.本書も文脈によって訳を使い分ける.

や分権改革に至る政治過程によって相当異なっており，一国の内部で不均一な状態での権限移譲を生じさせている．それとともに，これらの「領域」と，ほとんど権限移譲が行われていないイングランドとの間において，さまざまな分野の政策の差異も生じるようになってきた．このように，連合王国の政治には「領域」の政治的な意味を具体的に検討する際の事例が豊富に存在している．こうした現実の政治現象と並行して，イギリス政治学でも近年，「領域政治(territorial politics)」に関する研究成果が事例研究，理論研究双方において急速に蓄積し，「領域政治」は確固たる一つの研究分野を確立したといえる．さらに，ヨーロッパ比較政治においても，近年，改めて「領域」に対する関心が高まっている．周知のとおり，西ヨーロッパ諸国の比較研究の観点からロッカン(Rokkan)とアーウィン(Urwin)によって国民国家内部において「領域」が持つ重要性は従来から指摘されてきたが[4]，キーティング(Keating)によれば1990年代に至り，国家の変容と統治能力の低下，冷戦の終結に伴う国家の非神話化，さらには歴史的条件のより洗練された理解などの諸条件の変化に伴い，改めて「領域」の重要性が認識されるようになった．それとともに，西ヨーロッパ諸国において「ニュー・リージョナリズム」と呼ばれる現象が生じており，従来の地方政府と国家との間に，新たな広域的な地方政府が創設される現象が顕在化している．こうした動向の背景には国家自体の変化とともに，グローバリゼーションとEU統合の動向が与えている影響の大きさが指摘されている[5]．

---

4) Rokkan, S. and Urwin, D. W., *The Politics of Territorial Identity: Studies in European Regionalism*, London, Sage, 1982, Ch. 1.

5) Keating, M., "Thirty Years of Territorial Politics", *West European Politics*, vol. 31, nos. 1–2, pp. 60–81, 2008; Keating, M., *The New Regionalism in Western Europe: Territorial Restructuring and Political Change*, Cheltenham, Edward Elgar, 1998.

ところで，連合王国の「領域政治」を理解する際には，スコットランドをはじめとする「領域」における分権改革が，それぞれの「領域」の歴史的，文化的な独自性から単線的に導き出されたわけではないということに留意しなければならない．歴史であれ，文化であれ，また，それらと深く結びついているアイデンティティは，決して自明のものではなく，絶えず人為的に作られるものである[6]．また，「領域」に基づくアイデンティティが，文化的な次元に留まり，政治性を持たない場合もある．その意味で，歴史や文化は固定的，不変的なものとしてとらえられるものではなく，立場によって解釈や価値が異なることもあり，政治性，操作性を持っている．例えば，今日，スコットランドの伝統を象徴しているように理解されているタータンキルトは，スコットランドとイングランドが合併した18世紀以降に「創出」され，今日に至った経緯を持っている．このように，近代以前の風習が単線的に継承されて現代に通じているわけではない[7]．

　周知のとおりスコットランドは1707年以前，イングランドとは別の国であったこともあり，今日なお教育，司法，教会などの分野に独自の制度が維持されており，多くの市民も強いアイデンティティを持っている．しかしながら，スコットランドの分権改革が実現に至る過程は単純ではなく，1979年に分権改革の是非に際して実施された住民投票では，約51％の賛成が得られたものの，40％の絶対得票率を確保できず，改革は実現しなかった．また，今日では連合王国からの

---

[6] Keating, M., Loughlin, J., and Deschouwer, K., *Culture, Institutions and Economic Development: A Study of Eight European Regions*, Cheltenham, Edward Elgar, 2003, pp. 22–27.

[7] ヒュー・トレヴァー＝ローパー「伝統の捏造――スコットランド高地の伝統」エリック・ホブズボウム，テレンス・レンジャー編（前川啓治・梶原景昭ほか訳）『創られた伝統』紀伊国屋書店，1992，および高橋哲雄『スコットランド　歴史を歩く』岩波新書，2004，第5章．

スコットランド議会棟全景

分離独立を党是とし，スコットランドにおいては一大政治勢力となっている地域政党のスコットランド国民党(the Scottish National Party——SNP)の政治戦略や党勢も，必ずしも一貫したものではなかったことに留意しなければならない[8]．また，スコットランドと比較すればウェールズ語という文化的な特性が明瞭であるウェールズにおいても，分権改革運動が強力な支持を集めていたわけではなく，1979年の住民投票では分権改革に反対する票が圧倒的多数を占めていたし，1997年の住民投票に際しても約50%という極めて低い投票率の下で賛成票が50.3%の僅差で多数を確保したにすぎなかった[9]．1970年代まで

---

8) Mitchell, J., *Strategies for Self-Government: The Campaigns for a Scottish Parliament*, Edinburgh, Polygon, 1996.
9) Jones, R. W. and Scully, R., "Devolution and the People of Wales", Stolz, K. ed., *Ten Years of Devolution in the United Kingdom: Snapshots at a Moving*

のイギリス政治は，階級を軸とした争点をめぐり二大政党を中心とした政党間競争が繰り広げられてきた．全国を単位とした市場に基づいて経済活動が展開される一方，他方，これに対応する形で全国レベルで労働組合が組織され，労働運動が展開されてきた．70年代に至り，分権改革を容認するようになった労働党内部においても，全国レベルでの集権的な福祉国家体制の維持を支持する勢力が強く，必ずしも党内が分権改革支持で固まっていなかったという背景もあった[10]．このように，スコットランドをはじめとする「領域」が独自の歴史や文化を持っていたとしても，そのことが直ちに政治的な意味を持つことに結びつくわけではない．どのような条件が分権改革を推進させる要因となるのか，特に，アイデンティティが「領域」と一致し，自己決定権の確立を要求する動向が顕在化する政治化の構図を明らかにしなければならない[11]．

さらに，それぞれの「領域」に異なる形の分権を行ったことによって，イングランドとスコットランド，ウェールズ，北アイルランドはそれぞれが独自の統治システムを持っているとともに，移譲されている権限も異なる状態を生じさせた．こうした各「領域」を，連合王国としてひとつの国家として統合する場合，さまざまな問題に直面することになり，こうした問題の構図は「領域政治」の代表的論者によっても一様に指摘されている．

第一に，連合王国の統治原理である国会主権と，それぞれの「領域」に設置された議会に移譲された立法権との関係をどう考えるかが

Target, Augsburg, Wissener-Verlag, 2010, pp. 129–145.

10) スコットランド分権改革に対する労働党の対応を歴史的な観点から検討した研究として，小舘尚文による下記の論考が詳しい．小舘尚文「スコットランド問題をめぐる政党政治——労働党と権限委譲」『国家学会雑誌』第114巻第7・8号，2001．

11) Keating, 1998, op. cit., pp. 85–94.

問われている．立法権が「領域」に設置された議会に移譲されたとしても，公式的には，最終的な意思決定権限はロンドンのウェストミンスター議会に留保されている．

第二に，「領域」ごとに不均一な権限移譲を行った結果として，それぞれの「領域」から選出される国会議員の役割が問われるようになった．特に，国会においてスコットランド選出の国会議員はイングランドにのみ関する事項にも依然として関与できる一方で，イングランド選出の国会議員は，スコットランドにのみ関わる政策決定には，——当該権限がスコットランド議会に移譲されているために——，関与できないという不均衡を生じさせた．これはウェスト・ロジアン問題(the West Lothian Question)と呼ばれ，1970年代後半の分権改革議論から今日に至るまで問題にされ続けている．第三に，スコットランド，ウェールズ，北アイルランドの政府に対する財政資源の配分のされ方がしばしば問題にされる．それぞれの「領域」の政府が要する予算総額の大半が中央政府からの一括交付金という形で配分されているが，その配分額を決定する際に使用されるバーネット・フォーミュラ(the Barnett Formula)と呼ばれる算定式がスコットランドに対して過度に多くの配分を正当化しているのではないかと批判されている．さらには，権限移譲の進展によって，共通のシティズンシップ，特に社会的シティズンシップの概念が見直されるようになってきた．連合王国の一体性を福祉国家という枠組みとして維持するための考え方として，共通の社会的シティズンシップの考え方は重要性を持っていたが，「領域」の独自性が強まるにつれて，高齢者ケアの無料化や薬代の無料化が実現するなど，連合王国全体の共通性が希薄化する現象も生じている[12]．

---

[12] Greer, S. L. ed., *Devolution and Social Citizenship in the UK*, Bristol, The Policy Press, 2009.

このように，各「領域」に対して，歴史的，社会的な要因を考慮した権限移譲は自治の観点からすれば望ましい面がある一方で，連合王国の統治原理である国会主権の位置づけ，国会議員の役割，財政資源配分のありかたが問題とされ，解決が困難な政治的問題として立ちはだかる．こうした諸問題を前に，連合王国という国家をどのように統合させるのか，また，その際に連合王国の憲法構造（コンスティテューション）がどのような役割を果たしているのかを明らかにしなければ分権改革の実相を理解することはできない．

　さらに，こうした諸問題を歴史的に考察すれば，19世紀後半のアイルランド自治問題にその源を見ることができる．国会主権と権限移譲との関係は，その当時から憲法学者であるダイシーによって問題にされ続けてきた．アイルランド議会にのみ立法権を移譲することは，他の「領域」との政治的・行政的な均衡や整合性を崩すことになるため，連合王国の統合に難問を突きつけることになり，当時の首相グラッドストンもその対応に苦慮した．その意味で，連合王国の権限移譲に際して直面する自治と統合の問題は，形を変えて20世紀後半，そして現代にも継承されている．換言すれば，現代イギリスの「領域」をめぐる分権の意義と課題を理解するためには，アイルランド自治問題を再検討する必要がある[13]．

　上述したように，「領域政治」は連合王国として歴史的に形成されてきた連合王国の統治構造と，90年代末からの権限移譲が進んだこ

---

13) 本書では，現代イギリスの「領域政治」に関する代表的論考として，特に下記の文献を参照した．Bogdanor, V., *Devolution in the United Kingdom*, Oxford, Oxford University Press, 1999; Mitchell, J., *Devolution in the UK*, Manchester, Manchester University Press, 2009; Keating, M., *The Independence of Scotland: Self-government and the Shifting Politics of Union*, Oxford, Oxford University Press, 2009; Trench, A. ed., *Devolution and Power in the United Kingdom*, Manchester, Manchester University Press, 2007.

とによって各「領域」に基づいた政治が顕在化してきた経緯に由来するところが大きい．一方，こうしたイギリス政治の文脈とは異なる形で，アメリカ政治においても「領域政治」が論じられている．アメリカ政治で「領域」が言及されるのは，「機能」に基づいた利益集団の活動に対して，「領域」に基づいた利害関係者，すなわち，州知事，市長，地方政府関係者がロビー活動などを通じて連邦議会レベルの政策形成過程においてどのような影響力を行使しているのかを考察する場合である．アメリカ政治における「領域政治」は，連邦制研究の文脈で語られ，いままで「政府間関係」として論じられていた現象を扱っている[14]．こうした連邦制研究における「領域」と「機能」に基づく利益表出のありかたを考察するアプローチは従前にも存在しており，ビア(Beer)によって特定の政策分野の利益を専門家として体現するテクノクラートに対して，「領域」の利益を代表する知事，市長，地方政府関係者などトポクラートの役割を考察する必要性が指摘されてきた[15]．

以上のようにイギリス政治，アメリカ政治それぞれの文脈において「領域政治」が論じられているが，その意味するところは相当異なる．イギリス政治の場合，かつてイングランドとは異なる国であり，近年，権限移譲を行ったスコットランド，ウェールズ，北アイルランド，また，分権改革の動向が現れているイングランドの一部を対象として「領域」と扱っている．そして先に述べたように，それぞれの「領域」に移譲されている権限は異なっており，不均一な分権によって生ずる

---

14) Sbragia, A. M., "American Federalism and Intergovernmental Relations", Rhodes, R. A. W. et al.(eds.), *Political Institutions*, Oxford, Oxford University Press, 2006, pp. 239–260.

15) Beer, S. H., "Federalism, Nationalism, and Democracy in America", *The American Political Science Review*, vol. 72, no. 1, 1978.

諸問題をどのように扱うかが主要なテーマとなっている．また，従来の中央地方関係と異なり，「領域」が注目されるようになった背景には，従来の基礎自治体・広域自治体と国家との間に新たな地方政府が創設され，中央と地方との関係が多層化する現象を伴っているところにもよる．これに対し，アメリカ政治の場合に「領域」が意味する内容は，従来から存在している全国の州政府，地方政府であり，連合王国のような形で新たな階層に地方政府を創出させるような現象を対象にしたり，あるいは，州政府間，地方政府間の権限の差異と国家統合が中心的な課題とされることはない．

また，フランスの中央地方関係の分析に際しても，フランスのテーニ(Thoenig)は「領域」という言葉を用いて，フランスの地方分権化の動向を考察している．この場合に用いられている「領域」は，連合王国のような不均一な権限を移譲された特別な地域を対象としたものではなく，全国のレジオン，県，基礎自治体を画一的な下位の政府機構として扱った上で，1980年代以降から今日に至るまでの分権化の動向を考察している[16]．さらに政治学者であるコール(Cole)も，フランスの中央地方関係を分析する際に「領域」に言及しているが，同様に全国の下位政府を等しくとらえている[17]．ここで扱われている「領域政治・行政」も，従前の「中央地方関係」あるいは「政府間関係」とほぼ同様のものであると理解することができる．

このように見ると，「領域」の観点から中央地方関係，あるいは政府間関係を考察するアプローチには，2つの方向性があると大別できる．第一に，アメリカの連邦制研究，政府間関係研究の文脈で用いら

---

16) Thoenig, J. C., "Territorial Administration and Political Control: Decentralization in France", *Public Administration*, vol. 83, no. 3, 2005.
17) Cole, A., *Governing and Governance in France*, New York, Cambridge University Press, 2008, Ch. 3.

はじめに 「領域」から考える国と地方の関係

れる場合であり，基本的に州政府，あるいは地方政府は同一のものとして扱われる．テーニによるフランスの中央地方関係研究も各レベルの地方政府を画一的なものとして検討している．このように，国家の下位にある各レベルの政府を同一的なものとしてとらえ，画一的な地方自治制度を前提とした中央地方関係，地方政府の形成，またはそのような地方政府を構築する方向性を「領域Ⅰ」とする．これに対して第二には，連合王国のスコットランド，ウェールズ，北アイルランドのように不均一な権限を移譲し，異なる政府形態を認める中央地方関係，地方政府の形成，またはそのような地方政府を構築する動向を「領域Ⅱ」とする．周知のとおり，「領域Ⅱ」に類別される国家は連合王国に止まらない．バスクやカタロニアに対して不均一な権限を移譲しているスペインも，「領域Ⅱ」にあてはまる．この「領域Ⅰ」，「領域Ⅱ」は，それぞれの国の中央地方関係，あるいは政府間関係の現状を把握するための分析視角であるとともに，国と地方の関係を規定する制度がどのように改革されていくのか，という変化をとらえる目的を持っている．

以上のような観点から「領域」に着目することは，連合王国の「領域政治」自体の理解を深めるだけでなく，これを比較分析の観点からとらえることを可能にさせる．すなわち，「領域」と「機能」，「領域Ⅰ」と「領域Ⅱ」の差異がどのように表出するのかに着目することによって，連合王国のような不均一な権限移譲の状況を有する国ではなく，画一的な政府間関係の国家とも比較検討を行う余地を広げることができる．

こうした観点に立てば，憲法構造や歴史的背景が異なる連合王国の「領域政治」をそのまま日本に適用することは困難であることは当然であるが，現代日本の中央地方関係を「領域」と「機能」という観点から再検討するとともに，すべての都道府県，市町村を画一的に同列

に扱う「領域Ⅰ」と,特定の空間に特別な権限移譲を認める「領域Ⅱ」を分けて考察するという分析視角を得ることができる[18].

従来までの日本の地方分権改革はほぼ「領域Ⅰ」に即して進められてきた.すなわち,「機能」に対する「領域」の位置づけを再編し,基本的に全国の都道府県あるいは市町村を画一的に扱い,これらに対する権限移譲や自由度を拡大する改革である.金井利之によれば,現代日本の地方自治制度は,国と自治体を相互に関連させて自治制度を構築する融合性と,自治体レベルで可能な限り広範な行政分野を包括しようとする統合性を兼ね備えた総合性を強く有している.それとともに,総合性志向が特例的な制度改革へと結びつかないような普遍主義,反特例主義の性格を強く持っている.地方自治制度を所掌する旧自治省―総務省は,総合性と普遍主義を基本原理として,現代の地方自治制度を運用しており,特定の自治体を特例的に取り扱う制度改革を忌避する行動様式をとり続けている[19].

これに対して,特定の地域に特別な権限移譲を認める「領域Ⅱ」に基づいた改革もさまざまな形で構想され,いくつかのものは実際に制度が形成,運用されてきた.現在も,沖縄には振興特別措置法が適用

---

18) 筆者は以前,戦後日本の国土開発政策を検討する際の分析視角として「機能」と「領域」を用いた.その際には他府県とは異なる開発体制が適用されている北海道や沖縄を念頭に「領域」の対象とした.その際,「領域別省庁」の存在がこれを特徴づけていた(山崎幹根『国土開発の時代――戦後北海道をめぐる自治と統治』東京大学出版会,2006).しかしながら,先に説明したように,アメリカの政府間関係研究やフランスの中央地方関係研究において,イギリス政治学とは異なる文脈で「領域政治」が論じられていることを踏まえ,全国を同一の制度の下に置く政府間関係を何らかの形で射程に入れた考察の必要が生じた.そこで本書では,従来用いられていた「領域」と「機能」の視点を発展させる形で,同一性,画一性を基本とした「領域」と,多様性,不均一性をもつ「領域」を区別するために,「領域Ⅰ」と「領域Ⅱ」という類型化を図った.
19) 金井利之『自治制度』東京大学出版会,2007.

されているし，北海道にも唯一，道州制特区法が適用されている．こうした特別な体制を今日に至るまで維持してきた北海道，沖縄，そして都制の下にある東京をどうするかは，分権改革が議論される際に，特に「領域Ⅰ」型の改革に際して，「領域Ⅱ」として扱われるべき性質を持っているこれらをどのように位置づけるかが常に問題となってきた．

歴史的観点からすれば，戦前の日本には，北海道，沖縄県，朝鮮，台湾，樺太など，本土の府県とは異なる地方制度が適用されており，「領域Ⅱ」の統合のされ方が常に問題となってきた[20]．戦後改革では，植民地は放棄される一方，地方自治法の制定によって全国の都道府県，市町村に対して画一的な地方自治制度を適用することによって[21]，「領域Ⅰ」を基本とした地方自治制度へと再編された．これに対して，北海道と沖縄に関しては部分的ではあるにせよ国土開発政策の文脈の下で特別な開発体制を適用する形で「領域Ⅱ」の特性を戦後も，沖縄の場合には復帰後も継承させてきた[22]．しかしながら，画一性を基本とする中央地方関係において，両地域の開発体制の特殊性は中央省庁によって限定的なものに止められる傾向が強い．これは，中央政府が憲法 95 条の地方自治特別法に基づく住民投票の実施を極めて限定的に解釈し，その実施を抑制しようとしてきた姿勢にもあらわれている[23]．

一方，連合王国においても，「領域Ⅱ」に基づく不均一な権限移譲

---

20) 姜再鎬『植民地朝鮮の地方制度』東京大学出版会，2001，206-226 頁．
21) 西尾勝『行政学(新版)』有斐閣，2001，79-80 頁．
22) 戦後北海道および沖縄の開発体制の下における中央地方関係に関しては，山崎，前掲書，序章を参照．
23) 松永邦男「地方自治特別法について 憲法 95 条は機能しているか」『都市問題』第 96 巻第 5 号，2005，小林公夫「地方自治特別法の制定手続きについて——法令の規定及びその運用を中心に」『レファレンス』2009．

が無条件で認められ,進行したわけではない.先に指摘したように,アイルランド自治問題,ウェスト・ロジアン問題への対応として,単一または複数に分割されたイングランドに議会を設置することによって「領域Ⅰ」を志向した改革を進めようとする構想が提起されてきた.さらには,連合王国を連邦制国家に再編すべきとする意見も存在する.

また,フランスの国家の下位にある地方政府は,先に言及したようにテーニによる考察においても,また実体においても画一的なものとして扱われていた.しかしながら,2003年の憲法改正によってコルシカ島や海外領土における特例を認めた[24].フランス全体の中央地方関係の特質は依然として「領域Ⅰ」であるが,「領域Ⅱ」を含む多様性を受容するような変化を遂げている.

このように,国によって中央地方関係が「領域Ⅰ」または「領域Ⅱ」のいずれによって規定されているのかは,歴史的経緯そして憲法構造に基づいた国家統合のあり方によるところが大きい.しかしながら,「領域Ⅰ」または「領域Ⅱ」のいずれであるのかは,決して固定的,不変的なものではない.一国の中央地方関係が,「領域Ⅰ」から「領域Ⅱ」へ,あるいは逆の方向性へと再編されたり,あるいは実現に至らなくとも改革を志向する案が提示されており,こうした変化や構想の特徴をとらえることが重要である.

ところで「領域」と「機能」の視点から中央地方関係を考察する際には,「領域」と「機能」が常に二律背反の関係にあるわけではない点にも留意しなければならない.この点に関し,「領域」と「機能」を制度や組織に限定してとらえるのではなく,「領域」と「機能」の実態がどのように形成されるのかを,両者に基づいた利益,あるいは

---

24) Loughlin, J., *Subnational Government: The French Experience*, Basingstoke, Palgrave Macmillan, 2007. 邦語文献として,飯島淳子「フランスにおける地方自治の法理論(2)」『国家学会雑誌』第118巻第7・8号,2005を参照.

はじめに 「領域」から考える国と地方の関係

利益を獲得しようとする行動様式として動態的に理解する際,政策共同体の概念が有用である.現代イギリス政治学において,政策分野ごとにどのような集団が関与して政策決定過程に影響を及ぼしているのかを考察するための概念として,政策共同体が利用されてきた[25].政策共同体は通常,共通の志向,価値,目標を共有した利益集団によって形成され,通常は「機能的政策共同体(functional policy communities)」としてあらわれる.これに対して,連合王国の「領域政治」において,各「領域」の政治化の相違を明らかにするため,「領域」に基づいた「政策共同体」,すなわち「領域的政策共同体(territorial policy communities)」のはたらきに焦点が当てられている[26].全国レベルで,「機能」ごとに編成され行動する利益集団によって繰り広げられる政治とは異なり,スコットランドなどの「領域」を単位とした利益政治の特徴を明らかにする意図がある[27].

スコットランド政治の第一人者であるキーティングによれば,「機能」によって編成されている利益集団はすべてロンドンの全国政府あるいは国会とだけ関係を築いたり,ロビー活動をするわけではない.スコットランドに基盤を置く組織や,全英組織のスコットランド支部が,スコットランドでも活動している[28].スコットランドには分権改革以前,スコットランドという特定の「領域」を対象とした中央省庁であるスコットランド省(the Scottish Office)が存在し,スコットラン

---

25) Richardson, J. J. and Jordan, A. G., *Governing under Pressure: The Policy Process in a Post-Parliamentary Democracy*, Oxford, Martin Robertson, 1979.
26) Keating, M., *The Government of Scotland* (second edition), Edinburgh, Edinburgh University Press, 2010, pp. 77-80.
27) この点に関し,Rhodes は,policy communities と territorial communities とを類別している.Rhodes, R. A. W., *Beyond Westminster and Whitehall*, London, Unwin Hyman, 1988, p. 78.
28) Keating, 2010, op. cit., pp. 78-80.

エディンバラ城

ド省自体がスコットランドの利益を中央政府,特に内閣レベルにおいて体現し,維持する役割を持つとともに,スコットランド省にはたらきかけを行うことによって影響力を行使しようとするそれぞれの利益集団の行動が顕著であった[29].これらの利益集団は,公共支出や主要産業の維持など,スコットランド共通の「領域」的利益に関わる争点に関してはこれを守るよう行動するなど利害を共有する一方で,個別の政策事項に関して中央政治の空間内では競合していた[30].分権改革は,スコットランド省が存在していた時代の中央政治における従来型

---

29) Midwinter, A., Keating, M., and Mitchell, J., *Politics and Public Policy in Scotland*, Basingstoke, Macmillan, 1991, Ch. 4.

30) Keating, M., "The territorialisation of interest representation: the response of groups to devolution", Curtice, J. and Seyd, B. eds., *Has Devolution Worked? The verdict from policy makers and the public*, Manchester, Manchester University Press, 2009, pp. 44–67.

のロビー活動の形態から，それぞれの利益集団が各自の目標を達成するためにスコットランド議会・政府という新しい場で競合するような変化を促進させた．これは，ウェールズ，北アイルランドと比較しても，スコットランドにおいて顕著である[31]．このように，スコットランドを対象とした政策共同体の実態を見れば，「機能」と「領域」に基づいた政策共同体がいわばゼロサム状態で存在しているのではなく，「機能的政策共同体」が「領域」に即して分化したり，「領域」を横断した形での「機能的政策共同体」を形成することによって現れている点に留意しなければならない[32]．

また，スコットランド省など「領域」に基づいて設置されている省庁も，決して「機能」ごとに編成されている省庁と断絶していたわけではなく，政策過程において公式的にも非公式的にも密接な関係を形成していた[33]．

こうした点を踏まえつつ，本書では連合王国の「領域政治」から示唆を得ながら，現代の中央地方関係において「領域」が政治的意味を有する条件とは何かを考察し，「領域」と「機能」との相互作用から，現代国家の統合形態とその特質を明らかにする．そして，日本の中央地方関係を検討する際には，「機能」に対する「領域」という視点とともに，「領域Ⅰ」と「領域Ⅱ」との差異，そして両者の関係に留意する．

本書の構成は以下のとおりである．第1章では，現代の連合王国を検討事例として，不均一な権限を移譲された「領域」を統合した統治

---

31) Keating, M., Cairney, P., and Hepburn, E., "Territorial Policy Communities and Devolution in the UK", *Cambridge Journal of Regions, Economy and Society*, no. 2, 2009, pp. 51-66.
32) Keating, 2009, op. cit.
33) Kellas, J. G., *The Scottish Political System* (4th edition), Cambridge, Cambridge University Press, 1989, Ch. 3-4.

構造の特質と課題を明らかにする．具体的には，国会主権原理と各「領域」の議会の立法権の関係，「領域」から選出される国会議員の役割に関するウェスト・ロジアン問題，バーネット・フォーミュラ方式による一括交付金の算定と各「領域」への財政資源配分について検討する．そして，「領域」に対する権限移譲を動態的にとらえる必要性を指摘する．権限移譲には単一の固定的なモデルがあるわけではなく，紆余曲折を経て常に変化し続けているし，権限移譲が失敗したり，改革が挫折することもある．それとともに，現代の連合王国の「領域」と国家統合の問題の根源が19世紀後半のアイルランド自治問題にあることを明らかにする．そして，連合王国の国家構造を，単一主権国家としてのユニタリー・ステイト(a unitary state)としてよりも，それぞれの「領域」に不均一な形で権限が移譲されているユニオン・ステイト(a union state)として理解する意義を，さらには，ステイト・オブ・ユニオンズ(a state of unions)としてとらえる必要性を指摘する．

第2章では，1999年より発足し，10年余りを経たスコットランド議会と政府が「領域」に即した独自の政策をどのように決定し，執行しているのかを明らかにする．スコットランド議会は，比例代表制を採用した独自の選挙制度を採用するなどロンドンのウェストミンスター議会とは異なる「新しい政治」を志向しているが，その成果がどこまで現れているのかを検証する．また，2007年のスコットランド議会選挙ではSNPが，2010年の総選挙では保守党が第1党となったことで，ロンドンとエディンバラとの政府間関係が変化する可能性もある．そこで，全国の政府・国会と，スコットランド政府・議会との政府間関係の特徴と今後の課題についても検討を加える．

第3章では，スコットランドのローカル・ガバナンスの特質を明らかにすることを目的に，スコットランド政府・議会と，基礎自治体との関係，さらには，スコットランド政府・議会と，NDPBs(Non Departmental Public Bodies)とよばれる公共政策を執行する機関との関係を考察する．スコットランドの基礎自治体は，2003年地方政府法，2004年地方ガバナンス法によって規定されており，比例代表制を導入するなど，独自性が強まっている分野でもある．このようなスコットランド域内における中央地方関係の特徴と分権改革以降における変化を考察する．スコットランドにおいては集権的な制度の下でも協調的な関係を形成するような働きかけが双方から行われており，中央からの統制が強くあらわれているイングランドの中央地方関係との相違が浮かび上がる．また，NDPBsはスコットランドに限定されず常に連合王国において行政改革の対象となっており，分権改革においても，大きな政策課題であった．そこで，スコットランドの行政分野におけるNDPBsの位置づけと改革の動向を概観する．

　第4章では，連合王国およびスコットランドとの比較を視野に，日本の中央地方関係において「領域」が政治的意味を有する条件とは何かを考察する．具体的には，近年多くの論者が言及しているさまざまな道州制構想，そして北海道の道州制特区法を検討する．日本の中央地方関係は「領域」よりも「機能」による分立化傾向が，また「領域Ⅰ」を志向する画一性が強く，「領域Ⅱ」を位置づける余地が極めて限定されている現状を明らかにする．さらに，「領域」に基づいたアイデンティティが政治化する契機の少なさや，「機能」に基づいた政策や行政組織を再編しようとする内閣の統合力の欠如が「領域Ⅰ」さらには「領域Ⅱ」に即した権限移譲を困難にしている要因であることを指摘する．

第 1 章
不均一な権限移譲と国家統合

　スコットランド，ウェールズ，北アイルランドの各「領域」に対する権限移譲の内容は，それぞれの「領域」に裏づけられた歴史的過程や，権限移譲を実現するまでの政治過程が異なっているために，多様である．その結果として，不均一な権限移譲の状態のまま，連合王国という国家の形態が成り立っている．これは，主権，領土，国民を単一的かつ一体的にとらえようとする典型的な国民国家像からすると極めて対照的な特徴を持っている．

　そして，連合王国が各「領域」に不均一な権限移譲をしたままで国家の枠組みを維持しているのは，独特の憲法構造を形成し，運用していることによる．そうすることによって，歴史的経緯や背景が異なる「領域」からの政治的要求にその都度，柔軟に対処してきた．それゆえ，連合王国の「領域政治」を理解するためには，その憲法の適用を通じた統合のあり方を踏まえなければならない．本章では，先ず，ナショナリズムを背景として自立性を強める「領域」がどのように憲法と折り合いを付けながら，国家に統合されているのかを具体的に把握するために，スコットランドが分権改革を経て1997年に独自の議会を設置するまでの過程を追う．そして，スコットランドが持つ特徴を明らかにするために，ウェールズ，北アイルランド，イングランドの「領域政治」を概観する．

　しかしながら，それぞれの「領域」の独自性に対応した不均一な権限移譲は，他方で，さまざまな形で国家統合に関して課題を生じさせ

ている.その端緒は既に19世紀末のアイルランド自治問題の際に生じていた.スコットランドをはじめとした各「領域」への権限移譲が進んでいる今日,不均一性が将来,連合王国という枠組みの再考へと進行する可能性を含んでいる.状況対応型の柔軟な憲法の運用による権限移譲は,決して安定的な国家の運営を自明のものとしているわけではない.

1 「領域」に対する権限移譲

(1) スコットランドの独自性——社会制度の存在

1707年の合併法によって,スコットランドはイングランドと連合王国を形成した.この合併に伴い,スコットランド議会が廃止され,実質的にイングランド議会に吸収される形で,新たにイギリスの議会 (the Parliament of Great Britain) が設置された.これによってスコットランドは政治的自立性を大きく損なうことになったものの,他方では,その後も長老派教会,司法,教育などにおける社会のさまざまな分野に存在していた独自の制度を維持することが認められた[1].なお,ここで留意が必要なのは,スコットランドが持つ独自性とは,イングランドと比較して民族や言語が異なることによって裏づけられているのではなく,歴史的記憶,象徴,神話,そして社会制度などに基づくものであるという点である[2].一般的に,「領域」が特別な政治的な意味をもっている場合,民族の特殊性にその要因を求めて理解をしようとする傾向が依然として強い.スコットランドの独自性は民族性に由

---

1) Midwinter, A., Keating, M., and Mitchell, J., *Politics and Public Policy in Scotland*, Basingstoke, Macmillan, 1991, Ch. 1.
2) Keating, M., *The Independence of Scotland: Self-government and the Shifting Politics of Union*, Oxford, Oxford University Press, 2009, Ch. 2.

来するのではなく，歴史的経緯から発する社会制度の違いの存在を踏まえなければならない．

(2) 「領域別省庁」としてのスコットランド省の設置[3]

分権改革以前の連合王国において，それぞれの「領域」から生じる政治的・行政的課題に対処するために，中央政府は各「領域」に「領域別省庁」を設置し，異なった政策の形成・執行を行っていた．スコットランドの場合，独自の行政的課題，そしてナショナリズムの高揚に対処するために，1885年，スコットランド省(the Scottish Office)が設置された．発足当初のスコットランド省は，「領域」に即してさまざまな政策分野を所掌するという意味での総合性を持っておらず教育部門をはじめとした極めて限られた「機能」を担うだけの役割であった．その後，他の「機能」が次々と加えられてゆくが，必ずしも一貫性，体系性を伴ったものではなく，その時々の行政的な状況に対応する形で，「機能」が拡大していった．こうした動向とともに，やがてスコットランド省担当大臣が閣僚となり，さらに副大臣が加わるなど，組織の体制が次第に強化された．また，1888年にはスコットランドに配分する財政資源を算定するための公式として，ゴッシェン・フォーミュラ(the Goschen Formula)が導入され，イングランド，スコットランド，アイルランドの人口比に基づいた財政資源配分を行うようになった．

---

[3] スコットランド省の設立からその後の展開過程に関しての以下の記述は，MitchellとKellasの文献に負っている．Mitchell, J., *Governing Scotland : The Invention of Administrative Devolution*, Basingstoke, Palgrave Macmillan, 2003; Kellas, J. G., *The Scottish Political System* (4th edition), Cambridge, Cambridge University Press, 1989, Ch. 3. また，スコットランド省に関する邦語文献として，梅川正美「スコットランドの政治システムとナショナリズム(1)」『法学研究』第40巻第4号，1999を参照．

スコットランド省の「機能」強化は，その後も断続的に進められる．スコットランドは 1930 年代，経済的低迷の中にあり，市民の間にはこうした経済的社会的状態に対する不満が高まるとともに，連合王国の周辺に位置するスコットランドが中央の政治・行政において等閑視されているとの批判が高まった[4]．こうした動向に対応するため，全国政府は，スコットランドの行政体制に関する検討を進めるため委員会(the Gilmour Committee——ギルモア委員会と呼ばれた)を設置，1937年，ギルモア委員会からはスコットランド省の体制強化を勧告する報告が出された．その後，勧告を受ける形で 1939 年には農業局，教育局，保健局，内務局を中心に組織の整備が進められ，その業務をエディンバラに設置したセント・アンドリュース・ハウスを拠点にして行う体制が確立することによって，その後の時代に通じるスコットランド省の原型が確立した．戦後においても，スコットランド省の「機能」は拡大を続け，1973 年に経済開発のための経済計画局が加えられるとともに，1975 年には外局にスコットランド開発庁(the Scottish Development Agency)が設置された．さらに，ブリテン島の北辺に位置し，広大な面積を持ちながら人口が極めて少ないハイランド・アイランド地方の開発のために 1965 年，ハイランド・アイランド開発委員会も設けられた．こうして「領域」に即した中央省庁組織としてスコットランド省を設置して「領域」に関する広範な課題に対処する手法は「行政上の権限移譲(administrative devolution)」と称されるようになった[5]（図表 1-1 参照）．

---

[4] 当時のスコットランドの社会経済的状況を知る手がかりとして，エドウィン・ミュア(橋本槇矩訳)『スコットランド紀行』岩波文庫，2007 が参考になる．

[5] Mitchell, J., *Devolution in the UK*, Manchester, Manchester University Press, 2009, pp. 22-28. ただし，スコットランド省は自治組織ではないので「行政上の権限移譲」という表現は正確性を欠いたものであると指摘される．McGarvey, N. and Cairney, P., *Scottish Politics: An Introduction*, Basingstoke, Palgrave

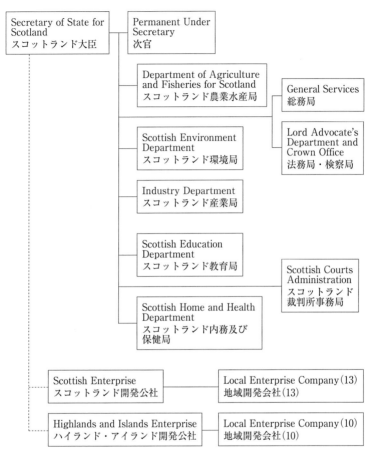

(出典)北海道開発庁, 1993.

図表 1-1　スコットランド省の概要と組織図(1993年)

Macmillan, 2008, pp. 26-27.

今日から振り返ると，また，日本の北海道や沖縄の開発体制と比較すれば，スコットランド省はスコットランドの内政に関する大半の事務を総合的に所掌した「領域別省庁」としての体制を確立しているように見える．ところがこれは，スコットランド・ナショナリズムをはじめとしたスコットランドからの政治的要求に対する全国政府の対応，そして，全国政府レベルにおけるスコットランド省と関係する「機能別省庁」との間の所掌事務をめぐる対立と妥協が，その時代ごとに個別に積み重ねられて成り立ったものである．異なる「領域」を構成して国家が成り立っている連合王国においてさえ，「機能」を標準とする行政体制からすれば，「領域」を単位とすることは異例であった．実際，スコットランド省の権限拡大も常に円滑であったわけではなく，例えば，1912年にスコットランド省の下にスコットランド農業委員会を設置することに異議が唱えられ，動物の衛生に関する権限が農業省からスコットランド省に移管されたのは1955年になってからであった[6]．

　また，スコットランド省の存在は，スコットランドという「領域」における行政を他の地域と比較して特別に取り扱うという役割に止まらず，スコットランドの個々の団体や「領域」に関する利害を，全国政府に反映させるロビー活動のためのチャンネルとしての働きがあった．すなわち，全国レベルで展開される政策過程の中で，スコットランド省はスコットランドの利益集団と密接な関係を形成しており，利益集団の利害を中央省庁に対して，あるいはスコットランド担当大臣が閣議の場で代弁する役割を担っていた[7]．これは，スコットランド省のような中央省庁を持っていない「領域」と比較すれば，スコットランドの利益集団にとっては有利な条件であった．

---

6) Mitchell, 2009, op. cit., pp. 17, 22.
7) Midwinter, Keating, and Mitchell, op. cit., pp. 71-85.

(3) ナショナル・アイデンティティの政治化

 一方,「領域政治」においては「領域」と結びついたアイデンティティが政治的な意味,すなわち自己決定権の強化を求める運動を志向することが重要であるが,独自の歴史的経験を持つ「領域」がそのことだけでアイデンティティを確立し,政治的な影響力を持つとは限らない.スコットランドのナショナリズムは漸進的に政治的な意味を持つように発達し,今日に至っている.現在の視点に立てば,スコットランド・ナショナリズムとはスコットランド国民党(the Scottish National Party——SNP)のイデオロギーであり,連合王国からの分離独立を目標とする主義・運動と同義であるかのようにとらえられがちであるが,19世紀末から始まったナショナリズムの意味内容はそれとは相当に異なっていた.先ず,初期のナショナリスト政党,そして創設当初のSNPは,文化的次元におけるアイデンティティの確立を追求する性質を強く持っていた.また,1886年,現代のスコットランド・ナショナリズムに連なる端緒となるスコットランド自治協会(the Scottish Home Rule Association)が設立されたが,同協会はアイルランド自治運動を手本にすることが目指されていた.このスコットランドにおける自治運動は,連合王国内部のアイルランド自治と適合させたいという願望によって動かされていた.さらに,スコットランド自治協会が目指していた分権改革は,スコットランドの独自性を最大限に強化するというよりも,当時のグラッドストン首相がアイルランド自治問題に対応するために掲げた全国規模での分権(home rule all round)の枠内での要求であった[8].

 さらに,スコットランドのナショナル・アイデンティティは,連合王国の下で発達し,確立してきた経緯がある.社会的態度の調査にお

---

8) Mitchell, J., *Strategies for Self-Government: The Campaigns for a Scottish Parliament*, Edinburgh, Polygon, 1996, pp. 24–28, 68–69.

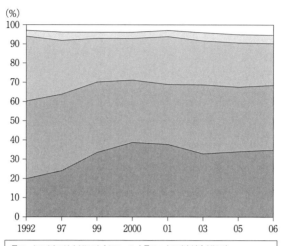

Source: Scottish Social Attitudes Survey.
(出典) Keating, op. cit., p. 62.

図表 1-2 スコットランド市民のナショナル・アイデンティティ

いて，自らをスコットランド人(Scottish)としてのアイデンティティを持つと答える人は過去30年余りの間で増加しているが，他方でイギリス人(British)としてのアイデンティティを排除しない点に特徴がある．すなわち，イギリス人よりもスコットランド人，または，スコットランド人でありイギリス人，と自らのアイデンティティを選択する回答が多数を占めている．このように，多くのスコットランド人はナショナル・アイデンティティを二律背反的にとらえるのではなく，重複した状態で受け入れている(図表1-2参照)．なお，同じ社会態度調査によれば，スコットランドの連合王国からの独立を支持すると回答した比率は，1999年から2007年の間で，23-34%の間で推移しており，近年は低下傾向にある[9]．

第 1 章 不均一な権限移譲と国家統合

　ところで，現在のスコットランド議会設置に直接に通じる動向を振り返れば，先ず 1960 年代後半より高まったナショナリズムとそれを背景にした SNP の政治的躍進が端緒と見ることができる．1967 年の下院補欠選挙において SNP は議席を獲得し，スコットランド政治に大きな影響を与えた．その後も SNP は 1974 年の総選挙において，2 月には 7 議席，10 月には 11 議席を獲得し，既成政党も無視しえない存在となった．こうした中，当時のウィルソン内閣はスコットランド，そしてウェールズの分権改革を求める運動に何らかの形で対処する必要に迫られ，王立委員会を設立した．委員会発足当初の委員長はクラウザーであったが，氏の死去の後，キルブランドン氏が委員長を引き継ぎ，1973 年にスコットランドとウェールズへの権限移譲を求める多数意見と少数意見を併記した最終報告書を提出した[10]．このように 60 年代末にナショナリストが政治的影響力を持ち始めた背景には，階級対立を背景とした戦後の二大政党制による統治の限界が露呈し，スコットランドの利益をスコットランド自らが議会を設置することによって確立する必要があるとの認識が広がったことにある[11]．また，木畑洋一によれば，当時，大英帝国の威信が低下し，連合王国の国際的な地位が低下しており，スコットランドが大英帝国の一員としてのメリットを見出すことが困難になってきた時代であった．全国政府は経済的後進地であったスコットランドに対して，全国レベルでの経済政策によって活性化を図っていたが格差解消には成功せず，スコットランド市民の間にイングランドとの比較で恵まれない状況に置

---

9) Keating, op. cit., pp. 61-64, 71-77.
10) Mitchell, 2009, op. cit., pp. 111-113.
11) Mitchell, J., "From Breakthrough to Mainstream: The Politics of Potential and Blackmail", Hassan, G. ed., *The Modern SNP: From Protest to Power,* Edinburgh, Edinburgh University Press, 2009, p. 32.

かれているという相対的剥奪感が強まっていた[12]．なお，こうしたスコットランド・ナショナリズムの高揚の要因として北海油田の発見が重視されることがあるが，ナショナリズムの高まりはすでに1960年代の後半から顕在化していたことに留意しなければならない．SNPが北海油田を「スコットランドの石油」と強調したように，ナショナリストがこれを戦略的に利用することを容易にさせたと理解する必要がある．むしろ，1974年の下院選挙においてSNPの躍進に寄与したのは，キルブランドン委員会がスコットランド議会の設置を内容とした最終報告を1973年に発表したタイミングであり，その結果，分権改革が選挙の争点と化した[13]．

こうして70年代には大きな政治勢力と化したナショナリズムと分権改革を求める機運は，その後，1979年の住民投票の不成立，保守党政権の登場，下院におけるSNPの議席の激減などによって一時，低迷を極めた．ところが，1980年代の保守党政権時代のスコットランド統治の経験を経て再び，ナショナル・アイデンティティが高まった．サッチャー政権は重厚長大型の産業構造の解体や，市場原理を取り入れた行政改革を次々と断行した．これらの改革はスコットランドにおいても大きな影響を及ぼすとともに，中央の保守党政権に対する反発を強めていった．特に，1989年に導入された人頭税（正式名称はコミュニティ・チャージ）に対する反発は激しく，各地で抗議活動が繰り広げられた．さらに，スコットランドにおける人頭税の導入がイングランドとウェールズよりも1年早かったために，スコットランドは実験台に使われたとする批判が，保守党政権に対する批判をいっそう強めた．こうした中，スコットランド選出の保守党の議員の数

---

12) 木畑洋一「イギリス近代国家とスコットランド，ウェールズ」『シリーズ世界史への問い9 世界の構造化』岩波書店，1991，182-183頁．
13) Mitchell, J., "From Breakthrough to Mainstream", Hassan, G. ed., op. cit., p. 35.

は次第に減少していった．こうしてスコットランド市民が多数の支持を与えているわけではない保守党政権——その意味で保守党はイングランドの政党とみなされるようになる——が，スコットランドの社会や経済にかかわる政策を一方的に押しつけてゆくという構図ができあがり，これは「民主主義の赤字(a democratic deficit)」と呼ばれた[14]．

　スコットランド市民の多数は政権交代を望んでいたが，幾度の総選挙を経ても保守党政権が続いた．80年代の後半に至り，このような「民主主義の赤字」という状況を打破し，スコットランドに自己決定権を確立することを目指し，自らの議会としようとする運動が再び高まった．そして1989年，市民グループ，労働組合，地方自治体，宗教界の指導者などによって，超党派のスコットランド憲政会議(the Scottish Constitutional Convention)が設立され，公選議会の設置を求める運動が展開された．同会議はスコットランドの主権はスコットランド人民に存すると宣言し，議会における国王という国会主権を標榜するウェストミンスター議会とは異なる政治を目指すことを強調した．そして，分権の理念をエリート層にのみ止めるのではなく，広く大衆化させることに腐心した．また，新たに設置を目指しているスコットランド議会の枠組みも，スコットランド憲政会議の場を中心に議論され，構想の全体像は，1995年に『スコットランドの議会・スコットランドの権利』と題された文書にまとめられた．

　この時期の分権改革運動は，スコットランドという「領域」における自己決定権，換言すればデモクラシーの確立という大義に広範な支持が結集した点に特徴がある[15]．中央から地方への統制という集権的中央地方関係によって緊張が生じたとともに，イングランドにおいて

---

14) McGarvey and Cairney, op. cit., pp. 32–34.
15) Mitchell, 1996, op. cit., pp. 284–287.

しか正当性を持たない政権党がスコットランドを支配するという2つの構図が重なることによって，スコットランドという「領域」の持つ意味が，そして，権限移譲による議会設置の意義がいっそう明確になった．スコットランド憲政会議には労働党，自由民主党も加わり，独立を党是としている SNP は不参加であったが分権改革そのものには積極的な立場をとっていた(分権改革に反対する保守党も不参加)．すなわち，連合王国の枠組みを維持する立場をとるユニオニストと，独立を究極の目標とするナショナリストが，デモクラシーという価値を共有することによって，議会設置を中核とする分権改革をすすめる運動が広範に展開されたのである．

(4) 地域経済開発政策の変化と労働党の方針転換

97年総選挙に際して労働党は，スコットランド，ウェールズ，北アイルランドに対する権限移譲をマニフェストに掲げ，推進の立場を鮮明にした．労働党および党の政治家は連合王国の維持を前提と考えるユニオニストであり，その内部では，権限移譲を容認する立場のユニオニスト勢力と，階級政治，そして全国を単位とした福祉国家体制を重視する立場からの反分権のユニオニスト勢力がいた．90年代後半に至り，連合王国の枠内において分権を認める勢力が大半を占めるようになり，権限移譲が労働党の主要な政策として位置づけられた．この時期に至ると，明瞭な反分権の姿勢を鮮明にするようなユニオニストはほとんど見られなくなった[16]．

1970年代の労働党は，分権改革の推進を進め，キャラハン内閣も79年に住民投票を実施したが，党内部において，全国レベルでのケ

---

16) 1990年代の労働党による権限移譲改革の形成過程に関する邦語文献として，北村亘「英国における権限移譲改革」『甲南法学』第41巻第3・4号，2001を参照．

1999年5月の選挙で選出された労働党議員(前列左が初代首相のドナルド・ジュワー，前列右から2人目が第2代首相のヘンリー・マックリーシュ，後列左から2人目が第3代首相のジャック・マッコーネル)

インズ主義的な福祉国家体制を維持する勢力が依然として強く，必ずしも党内が分権改革支持で固まっていなかった．むしろ，全国を単位として階級を基盤とした政治を行う考え方や，分権を支持しないユニオニストの影響力が依然として大きかった．

しかしながら，80年代，90年代を通じて，国有企業の民営化，重厚長大型産業の衰退，地域の人材や資源を重視する内発的発展の志向，さらにヨーロッパ統合とグローバル化の進展は，国民国家を単位として集権的，計画的手法で経済政策を管理，運営することの妥当性を低下させた．

それとともに近年の地域経済開発政策では，域内への投資とグローバル経済への組み込みを重視しており，企業家精神と技術革新を強調する．これは「領域」の重要性を考慮する「ニュー・リージョナリスト」と一致して，経済的活力の空間的なネットワークを強化することを志向している[17]．さらに，ヨーロッパ統合という要因は権限移譲と相補的にとらえられ，国家の権限を上方，下方双方に移転させるとともに，憲法構造を刷新する(constitutional innovation)可能性に途を開い

---

17) Keating, op. cit., pp. 46-52.

ている[18]．このように地域経済開発政策の意味内容の変化が，「機能」を実行する単位としても「領域」を適合的なものにさせた．さらには国民国家を単位とした経済政策の限界を認識させるとともに，「領域」の議会と政府に権限を移譲する意義を高めるよう作用した．こうした変化を象徴するように，1979年の提案においては，地域経済開発政策に関する権限はウェストミンスター議会の留保権限であったが，1997年においてはスコットランド議会への移譲権限となった．

加えて，90年代に至り，スコットランドではSNPを中心としたナショナリストが政治的な影響力を持ち始めており，労働党としてもこれらの勢力に対抗し，スコットランド域内における支持を拡大する必要性から，そして，ナショナリストが主張するスコットランドの分離独立を阻止し連合王国の枠組みを維持するユニオニストの立場からも，権限移譲を支持する立場を鮮明にするようになった．

90年代末の分権改革を理解する際には，単にスコットランドという「領域」におけるナショナリストを中心とした「下から」の自己決定権強化のための運動というだけではなく，連合王国の憲法構造を維持するというユニオニストの意図，そして，労働党の政治的支持基盤を強化するための意味があったことにも留意する必要がある．

(5) 1次立法権を移譲された議会の創設

1997年のブレア労働党政権の発足後，同年9月にスコットランド議会の設置を問う住民投票が行われ，多数の賛成票を獲得して権限移譲が実行されることになった．スコットランド議会設置に関しては賛成74.3%，反対25.7%，課税権の付与に関しては賛成63.5%，反対36.5%といずれも圧倒的な賛成票を確保した．投票率は60.2%であ

---

18) Ibid., p. 129.

(1) 1979年の住民投票(投票率: 63.6%)

	投票総数	割合(%)
賛　成	1,230,937	51.6
反　対	1,153,502	48.4

(2) 1997年の住民投票(投票率: 60.2%)
a. スコットランド議会について

	投票総数	割合(%)
賛　成	1,775,045	74.3
反　対	614,400	25.7

b. 課税権について

	投票総数	割合(%)
賛　成	1,512,889	63.5
反　対	870,263	36.5

(出典) Mitchell, 2009, op. cit., p. 132.

図表 1-3 スコットランド分権改革に関する住民投票の結果

った(図表1-3参照).なお,1979年の場合と異なり,先ず議会設置に関する案件が住民投票によって信任を得た後,国会に法案が提出,可決されるという手続きを踏むこととなった.

1998年スコットランド法(the Scotland Act 1998)によって,スコットランド議会を設置するとともに,法律制定権である1次立法権が付与された.これによって,スコットランドは「政治上の権限移譲(political devolution)」を達成した.1次立法権の移譲は,主権の分割である連邦制への移行を意味するものではなく,あくまでも憲法構造の根本的原理である国会主権の枠内での権限移譲であるとの論理に基づいている.それゆえ,スコットランド法を改廃する権限は依然として,ウェストミンスター議会が留保している.さらに,スコットランド法では,ウェストミンスター議会が留保する権限を個別に列挙する形で明

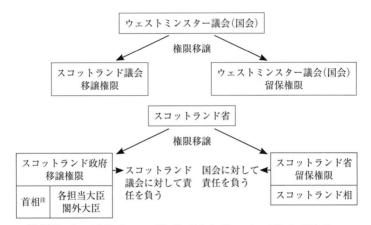

(出典) The Scottish Parliament, *The Scottish Parliament and the Scottish Executive—Roles and Responsibilities*, the Scottish Parliament Public Information Service, 2001.
(注) この首相は First Minister のことである.

図表 1-4　1999 年の権限移譲による立法権・行政権の変化

記するとともに，それ以外の権限はスコットランド議会に移譲されたものとして広範にこれを認めることによって，両議会の権限を区分している[19]．なお，スコットランド省に所掌されていた行政事務は，スコットランド行政府(the Scottish Executive——2007 年よりスコットランド政府 the Scottish Government と改称)に改組され，ほとんどの事務が継承された(図表 1-4 参照)．

(6) ウェールズ・イングランド・北アイルランド

ここでは以下，他の「領域」との比較の観点からスコットランドの「領域政治」の特徴を明らかにするために，ウェールズ，イングラン

---

[19] Lynch, P., *Scottish Government and Politics: An Introduction*, Edinburgh, Edinburgh University Press, 2001, pp. 15-21.

ド,北アイルランドにおける「領域政治」を概略する.こうした作業を通じて,「権限移譲」に決して単一かつ固定的なモデルが存在するものではなく,スコットランドと同様,常に変化するものであることが明らかにされよう.

① ウェールズ

ウェールズは16世紀にイングランドに併合されて以降,イングランドとの一体性が形成され,政治,行政,社会の分野において制度が共有されてきた.その意味で,イングランドとの同化が早くから進行していた.他方で,ウェールズ語,非国教徒,文化の次元での独自性を今日まで維持してきた.こうした文化的特徴に裏づけられた形で,ウェールズ市民もナショナル・アイデンティティを持っている.しかしながら,ウェールズのアイデンティティは,スコットランドやアイルランドのような形では政治化せず,自治権獲得運動も低調であった.また,ウェールズ語を話す人々は北部,西部に多く,これらは地域政党であるプライド・カムリ(Plaid Cymru)の強い支持基盤となっている[20].ところが東部,南部はこうした文化に基づいたアイデンティティは強くない.それゆえ,ウェールズのナショナル・アイデンティティの形成に際してはこのような南北の分断を乗り越えなければならず,スコットランドと比較すれば,「領域」としての一体性を創出することは容易ではなかった.

プライド・カムリは1925年の創設以来,ウェールズ語を中心としたウェールズ文化の保存,振興に熱心である一方,政治的,経済的問題への関与には消極的であった.むしろ今日に至るウェールズの分権

---

20) Keating, M., Loughlin, J., and Deschouwer, K., *Culture, Institutions and Economic Development: A Study of Eight European Regions*, Cheltenham, Edward Elgar, 2003, pp. 160–165.

	賛　成(%)	反　対(%)	投票率(%)
1979	20.3	79.7	58.8
1997	50.3	49.7	50.1

(出典)Mitchell, 2009, op. cit., p. 155.

図表 1-5　ウェールズ分権改革に関する住民投票の結果

改革運動は主として労働党によって担われてきた経緯がある．しかしながら，全国を単位とした階級政治の立場からは，権限移譲よりも国家レベルでの集権的な経済政策，社会政策の重要性が主張され続け，必ずしも労働党内が分権改革支持で一致していたわけではなかった[21]．

こうした状況を反映して，1979年に行われたウェールズ議会設置を問う住民投票は圧倒的多数の反対票によって否決されてしまった．再び行われた1997年の住民投票においても，約50％の投票率の上，賛成票が50.3％と，僅差の多数票によってかろうじてウェールズ議会が承認された(図表1-5参照)．

その一方，スコットランドと同じような様相を呈していなくとも，労働党，保守党のユニオニスト政党はウェールズに対して特別な行政的な対応を行う必要性を認識し，「機能」ごとに委員会など特別な部局が設置され，1950年代には少なくとも17の部局が設けられていた[22]．また，ウェールズのナショナルな感情や低迷する経済への対処，スコットランド省という前例の存在，そして，労働党のウェールズにおける支持基盤の拡大のための戦略という要因から，1964年，閣内大臣を擁したウェールズ省(the Welsh Office)が設置された[23]．当初の

---

21) Bogdanor, V., *Devolution in the United Kingdom*, Oxford, Oxford, University Press, 1999, Ch. 5.
22) Bogdanor, op. cit., p. 158.

ウェールズ省の所掌事務は限られたものであり,その後,次々と「機能」を拡大してゆくものの,その過程はスコットランド省の場合と同様,一貫性,体系性を持つものではなく,その時々の行政事情によるところが大きかった[24].また,スコットランド省が前例となることによって,1970年にはスコットランド省とほぼ同様の権限を持つようになった.こうして,ウェールズもスコットランドと同様,「領域別省庁」を設置し,「行政上の権限移譲」を進めることによって「領域」からの課題に対応していった.

1997年の住民投票を経て,1998年ウェールズ統治法(the Government of Wales Act 1998)によって発足したウェールズ議会(the National Assembly for Wales)は,スコットランド議会と権能と構造が相当異なっている.ウェールズ分権改革は,立法権の権限移譲ではなく,ウェールズ担当大臣からの執行権の権限移譲であり,ウェールズ議会に与えられているのは2次立法権に止まる.すなわち,ウェールズ議会が制定できるのは,ウェストミンスター議会が制定する法律で設定された枠組みの細目を決める命令,規則などの従位立法である.執行権の移譲の仕方も,スコットランドの場合のように,国の留保権限を列挙するのではなく,ウェールズに移譲する政策分野(field)を,ウェールズ統治法に列挙する形を採っている.

ウェールズ議会の定数は60で,40名が小選挙区から,20名が比例代表制から選出される.比例代表制はスコットランドと同様の追加議席制(Additional Member System)であり,小選挙区で議席を確保できなかった政党が有利に議席を確保することを可能にしている.それゆえ,ウェールズ議会も単独で過半数を確保できる政党があらわれず,多党制となっている.なお,議会は固定された4年間の任期制であり,

---

23) Mitchell, 2009, op. cit., pp. 49–53.
24) Bogdanor, op. cit., p. 160.

スコットランド議会のような解散や税率変更権もない．議決機関でもあり執行機関でもあるウェールズ議会は，議会の下に政策分野別に委員会が設置されており，その中の執行委員会がウェールズ議会政府(the Wales Assembly Government)として，内閣のように運営されている．執行委員会の長は議会によって選出され，首席長官(First Secretary——現在は，スコットランドと同様に，首相または首席大臣 First Minister と呼ばれている)として同委員会を運営する[25]．

このように，ウェールズの権限移譲はスコットランドと比較した場合，スケールの小さいものに止まっており，政府・議会の構造は，スコットランド議会・政府よりも地方政府のカウンシルに近かった．しかしながら，2次立法権に止まるものの，相当な政策の独自性を追求することが可能であった．実際，イングランドと異なるウェールズによる公共政策を見れば，処方箋の無料化(20歳以下，60歳以上)や年金受給者のバス代の無料化をはじめとする公共サービス改革，22の基礎自治体を単位とした地方保健委員会の創設，スクール・リーグ・テーブル(公立学校の順位表)の廃止など多岐にわたる[26]．

また，ウェールズ議会の立法権を強化することを中心として1998年法を改正し，2006年ウェールズ統治法(the Government of Wales Act 2006)が制定された．これによって，先ず第一に，従来までは明確ではなかった執行権と立法権を分離し，ウェールズ議会が立法権を担うことを明確にした．第二に，ウェールズ議会は，ウェールズ統治法が列挙し規定している分野(fields)の事項(matters)に関して，法律の効力を持つ規定(Measures)を制定できるようになった．そして立法可能な

---

25) Ibid., pp. 209-213, 254-256. 若松邦弘「イギリス」大島美穂編『EUスタディーズ 3 国家・地域・民族』勁草書房, 2007, 55-57頁.

26) Deacon, R., *Devolution in Britain Today* (second edition), Manchester, Manchester University Press, 2006, pp. 171-173.

分野と事項は，ウェストミンスター議会が法律を制定する際にこうした条項を加えることによって拡大することが可能になる場合と，ウェールズ議会が規定を立法化することを要求することによって拡大できる場合がある．後者の場合，ウェールズ議会が立法を可能にするために，ウェールズ統治法が列挙している分野および事項を追加するための枢密院令を要求し，承認を得ることによって可能になる．この枢密院令はLCOs(legislative competence orders)と呼ばれるものであり，ウェールズ議会，ウェストミンスター議会それぞれにおいて承認を経た後に効力を発する．第三に，移譲されている分野のほぼすべてに対して1次立法権を与えるための住民投票に関する規定を盛り込んだ．ウェールズ議会の3分の2という特別多数決およびウェストミンスター議会の承認を経て，住民投票を行うための枢密院令が公布される．現在の与党である労働党とプライド・カムリの連立政権は，次期ウェールズ議会選挙の前，2011年3月に住民投票を実施することを予定している[27]．このように1999年当初は極めて限られた立法権しか与えられていなかったウェールズは，2006年のウェールズ統治法を機に漸進的に立法権を拡大することを可能にした．

こうしたウェールズへの権限移譲の発達と並行して，興味深いことに，近年，創設当初は関心が低調であったウェールズ議会に対する市民の信頼が高まっている．2009年の調査によれば，全国政府や国会議員よりも，ウェールズ議会やウェールズ議会議員を信頼すると回答する比率が高い．また，ウェールズの統治に分権改革が与えた影響に関しての質問に対しても，半数以上が肯定的な評価をしている[28]．と

---

27) Bowers, P., *Referendum for Wales: Extending the Scope of Assembly Powers (Standard Note)*, House of Commons Library, 2010, および邦語文献として，田中嘉彦「海外法律事情——英国：2006年ウェールズ統治法」『ジュリスト』第1322号，2006，143頁．

ころが，なぜウェールズ議会に対する市民の信頼が高まったのかを明快に説明することは困難である．分権改革がウェールズのデモクラシーを再活性化させるのに役立ったからではない．選挙の投票率や，市民の政治的関心や参加に顕著な変化が生じているわけではない．また，広範な分野で公共政策がうまくいっているという認識が広がったからでもない．保健・医療，教育などの分野における市民の認識も顕著な高さを示しているわけではない[29]．さらに，「領域政治」に最も影響を与えると思われるナショナル・アイデンティティの変化を見ても，ウェールズ・アイデンティティが増大している傾向は見られない．1997年から2009年までの経年変化を見ても，イギリス人としてよりもウェールズ人としてのアイデンティティを重視すると回答する割合はほとんど増えていない(図表1-6参照)．

　ウェールズの権限移譲の展開からは，「領域」に即したアイデンティティが必ずしも政治的意味を持つわけではないこと，他方で，スコットランド省や現在のスコットランド議会の前例が，ウェールズという「領域」に基づいた政治のモデルとなるとともに，「領域」に即した「機能」の強化が図られていった経緯をたどることができる．さらに，議会と政府の権限移譲が当初の制度において限定的なものに止まっていたとしても，これは必ずしも固定的，不変的なものではなく，これを見直し，また，漸進的に拡大させる余地が大きいことを示している．

---

28) Jones, R. W. and Scully, R., "Devolution and the People of Wales", Stolz, K. ed., *Ten Years of Devolution in the United Kingdom: Snapshots at a Moving Target*, Augsburg, Wissener-Verlag, 2010, pp. 141-144.

29) Jones, R. W. and Scully, R., "Welsh Devolution", Trench, A. ed., *The State of Nations 2008*, Exeter, Imprint Academic, 2008, p. 82.

ナショナル・アイデンティティ	1997	1999	2001	2003	2005	2006	2007	2009
イギリス人ではなくウェールズ人	17.2	17.7	24.6	22.7	17.0	19.9	25.1	11.0
イギリス人よりもウェールズ人	25.7	20.7	23.5	28.1	21.8	18.8	21.4	29.3
ウェールズ人でありイギリス人	34.3	38.3	29.4	30.2	34.8	31.9	33.8	34.2
ウェールズ人よりもイギリス人	10.4	7.8	11.2	8.9	10.0	7.3	9.8	10.0
ウェールズ人ではなくイギリス人	12.4	15.5	11.3	10.0	15.5	22.0	9.9	15.6

(出典) Jones, R. W. and Scully, R., 2010, p. 142.

図表 1-6 ウェールズ市民のナショナル・アイデンティティ

② イングランド

イングランドは人口規模で連合王国全体の約85%を占めるなど,連合王国内部において極めて大きな存在である.それゆえ,イングランドの存在を無視した「領域政治」は成り立ち難い.イングランドに対する権限移譲を行うのか否か,行うとすればどのようにこれを行うのかは常に問われてきた.これは,第一に,スコットランドをはじめとする他の「領域」との関係において,イングランドをどうするかという問題が,第二に,イングランド内部の地域において,権限移譲をどのようにすすめるかという問題がある.イングランドをひとつの「領域」としてとらえ,権限移譲,独自の議会を設立しようとする考え方はあるが,これを具体化させようとする動きはなく,後述するように,スコットランドとの関係でウェストミンスター議会の役割が問題となる.一方,イングランド内部の地域において,民主主義の強化,独自の地域経済開発政策の実行を目的として公選議会を設置しようとする動向が見られた.

1994年,メージャー政権はイングランド域内に,環境省,雇用省,

貿易産業省,運輸省の総合出先機関として,10の地域政府事務所(Government Office for the Region)を設置した.これによって各省で不統一であった区画を共通化し,地域としてのまとまりを持たせようとした.その後,1999年にブレア政権は,従前の地域区画を継承し,域内での開発事業を執行するための組織として,地域開発公社(Regional Development Agency)を設置した.さらに,地域開発公社の活動を民主的に統制するために,地域協議会(Regional Chamber)が合わせて設立された.地域協議会は,自治体議員,経済界,労働組合,市民団体から集められた代表によって構成されている.なお,地域政府事務所,地域開発公社が直接的な形での民主的統制を欠いている状態は,スコットランドの場合と違った意味で「民主主義の赤字」と指摘され,いっそうの分権改革へと進展する際の課題となった[30].

2002年,中央政府は白書を発表し,イングランドの各地域に公選議会を設置する構想を明らかにした.その中では,公選議会の設置を望む地域で住民投票による承認を経ることや,地方政府の階層を2層制から1層制へと改革することが示された.その後,2003年に地域議会(準備)法が制定されるとともに,2004年7月には地域議会法案が公表された.なお,地域議会の役割は,主として地域経済開発に関する政策に対する財政援助,助言,提案,公共政策を執行する団体スタッフの任命,地域計画の策定などを行う役割を担うに止まった[31].これは,スコットランドやウェールズという「領域」に包括的な立法権,あるいは行政権を移譲した先例と比較すれば,ごく限られた「機能」に特化した権限移譲であるといえる.キーティングはこれを,「機能

---

30) 若松邦弘「イギリスにおける地方統治の変容――サブナショナルなレベルの活性化」日本比較政治学会編『EUのなかの国民国家』早稲田大学出版部,2003.
31) 田中嘉彦「海外法律事情――英国:分権改革の進捗状況 イングランドの地域議会設置動向」『ジュリスト』第1302号,2005,61頁.

第1章 不均一な権限移譲と国家統合

的なリージョナリズム(functional regionalism)」と呼んでいる[32]．

イングランドにおける公選議会の設置を求める運動は，ノース・イースト(イングランド北東部)において高まりを見せた．ここはイングランドの中で比較的隔離された地域でありスコットランドと近接していること，20世紀に傑出した労働党の中心としての役割を持っていたこと，地域経済が低迷し続けていたこと，地域に対する歴史的アイデンティティの意識があることなどの特徴を持っていたことが地域主義を醸成するようにはたらいた[33]．

2004年11月，ノース・イーストにおいて公選議会の設置の是非を問う住民投票が行われたが，当初の予想とは異なり，公選議会の設置を求める運動に対する関心は高まらず，投票率47.7%，賛成22.1%，反対77.9%という圧倒的多数で否決された．ジェフリー(Jeffery)によれば，その最も大きな理由としては，公選議会設置の目的に対して，実際に提案された議会の権限があまりに少なかったことが指摘されている．そして，その背景には，第一に，イングランド分権は副首相のプレスコットが積極的に進めてきた政策であったが，政権内部において公選議会を設置する目的を明確化し，合意を形成することができなかったことが，第二に，ホワイトホールの省庁が権限の縮小をおそれて権限を移譲することに消極的であったことがあった．さらに，イングランドにおいて中央省庁では「機能」を基本とした行政が行われており，スコットランド，ウェールズ，北アイルランドのような「領域」に基づいた行政を考える伝統に欠けていたことも要因としてはたらいた[34]．

---

32) Keating, M., "From functional to political regionalism: England in comparative perspective", Hazell, R. ed., *The English Question*, Manchester, Manchester University Press, 2006.

33) Tomaney, J., "The idea of English regionalism", Hazell, R. ed., op. cit., pp. 158-159.

34) Jeffery, C., "Elected regional assemblies in England: an anatomy of policy

また,今回のノース・イーストにおける公選議会設置に際しては,現行の2層制の地方自治制度を1層制へ再編することが条件となっており,単に公選議会の設置を問うだけではなかったことが問題を複雑にした.スコットランドの場合,地方自治制度の1層制化は1996年に保守党政権の時代に既に行われており,スコットランド議会・政府の創設の際には地方自治制度の再編を問題とせずに済ませられたことが,権限移譲の実現を容易にした.

一方,イングランドにおいて例外的な「領域」に対する権限移譲の実践として,ロンドン市政改革に注目する必要がある.サッチャー政権時代,ロンドンの広域自治体であったグレーター・ロンドン・カウンシルが廃止され,その役割は,基礎自治体であるバラ(borough——日本の区に相当)と,広域的行政課題に対処するために特定の機能を担う合同機関(joint authority)に移管された.しかしながら,労働党は民主的に選出されたロンドンの自治体を復活させる考えを持っており,政権獲得後に,連合王国では初めての公選市長と議会をもつグレーター・ロンドン・オーソリティ(the Greater London Authority——以下,GLA)の設置を提案した.この案の賛否は1998年5月,住民投票に委ねられ,投票率34%,賛成票72%の結果,成立した.GLAには立法権はなく,ロンドン交通局,ロンドン開発公社,ロンドン警視庁,ロンドン消防局など4つの団体を指揮監督する権限が与えられるに止まっている.加えて,GLAは,独自に政策の優先順位を付けたり,予算を配分する裁量も制限されている[35].すなわち,GLAは廃止されたグレーター・ロンドン・カウンシルの復活ではなく,また,公共サービスの供給を担うのでもなく,ロンドンの広域行政の戦略を設定

---

failure", Sandford, M. ed., *The Northern Veto*, Manchester, Manchester University Press, 2009, pp. 8-25.
35) Mitchell, 2009, op. cit., pp. 213-215.

する団体である．また，定数25名の議会も単に政策を審議，精査する役割に止まっており，スコットランド，ウェールズ議会のような立法機能を持たない．議会は修正権と3分の2の特別多数による予算案の否決以外には，市長の政策に反対する権限も持たない．このように，他の「領域」における権限移譲と比較するとその権能が制約されているGLAであるが，初代市長のリビングストンは，ロンドン都心部に流入する自動車に課税をする渋滞税(congestion charge)を導入するなど，限られた裁量の中においても独自性を追求し，ロンドン市長と市政の存在感を高める行動を積極的に起こした[36]．

③ 北アイルランド

1801年に連合王国と合併したアイルランドは，19世紀後半に至り自治権を求める政治的要求が高まった．これに対し，グラッドストンをはじめとする当時の連合王国の歴代内閣も「アイルランド自治問題(Irish Home Rule)」への対応に苦慮し続けた．1886年の第1次法案以来，幾度も解決策が講じられたが実現せず，1920年にアイルランド統治法(the Government of Ireland Act 1920)が成立し，北部6地域と南部26地域を区分し，それぞれに議会が設置された．ところが，その後南部は1922年にアイルランド自由国を設立，1937年には憲法を制定し，1949年に独立共和国としての地位を確立した．そのため，アイルランド統治法は北部6地域のみを対象としたものとなり，連合王国は北アイルランドという「領域」に対して初めての権限移譲を実践することになった．ところが同時に，1886年にグラッドストンが直面した第1次アイルランド自治法案以来，連合王国は憲法の原理と権限移譲をどのように整合させるかについて苦慮することになる．後述

---

36) Bogdanor, V., *The New British Constitution*, Portland, Hart, 2009, pp. 197-213.

	北アイルランド	アイルランド共和国
賛　成	71.1 (%)	94.4 (%)
反　対	28.9	5.6
投票率	81.1	55.6

(出典) Mitchell, 2009, op. cit., p. 188.

図表 1-7 ベルファースト合意に関する住民投票の結果

するように，国会主権原理と(北)アイルランド議会との関係，(北)アイルランド議会を設置した場合の(北)アイルランド選出国会議員の役割，自治を担う(北)アイルランド議会・政府の財政自主権という難問に直面した．連合王国の歴代の政権はこれらの諸問題に明快な形で解決策を見出すことができないでいた．さらに，アイルランド自治問題において直面したこれらの諸問題は，スコットランド分権改革の際にも再び顕在化した．北アイルランドの権限移譲は，1960年代後半から高まったカトリック系住民とプロテスタント系住民との間の対立のため1972年に停止され，連合王国の政府による直接統治に切り替えられた．スコットランド，ウェールズとは異なり，「領域別省庁」である北アイルランド省(the Northern Ireland Office)は，行政上の権限移譲というよりも，ロンドンからの直接統治を行うために設置されたのである．その後，1998年にカトリック，プロテスタント勢力，連合王国，アイルランド政府によるベルファースト合意が成立した．これを受けて，その後，南北アイルランドで行われた住民投票によってこれが承認され，1998年北アイルランド法(the Northern Ireland Act 1998)が制定された．1998年5月に行われた住民投票では，北アイルランドにおいて投票率81.1%，賛成71.1%，反対28.9%，アイルランド共和国において投票率55.6%，賛成94.4%，反対5.6%であり，南北アイルランドで多数の合意を確保した(図表1-7参照)．これによっ

て北アイルランドの権限移譲は復活し，比例代表制による選挙によって議員が選出され，1次立法権をもつ北アイルランド議会が発足するとともに，各政党が参加する権力共有型の内閣による自治が発足した[37]．

北アイルランド議会の比例代表制はスコットランド，ウェールズのそれと異なり，単記移譲式(Single Transferable Vote)と呼ばれる方法によって18の選挙区から6名の議員が選出される．これによって得票数をそのまま反映する形で各政党が議席を獲得することが可能になる．議会運営に関しても，特殊な方式を採用している．先ず，議員はユニオニストであるかナショナリストであるかの登録をしなければならない．両派のコミュニティを横断する議決に際しては，ユニオニスト，ナショナリストそれぞれが多数であり，かつ，全体として多数でなければならない方法か，ユニオニスト，ナショナリストそれぞれが40％であり，かつ，60％以上を確保しなければならない方法を採用している．内閣の構成も，首相(the First Minister／または首席大臣)と副首相(Deputy First Minister／または副首席大臣)の双方は，ユニオニスト，ナショナリストそれぞれの過半数を得て選出される．その他の大臣は，各政党の議席数を反映させる形で比例させて選任される[38]．このように，議会運営，内閣の構成ともに，北アイルランドの政治状況を反映させる形でユニークな「権力共有」が実践されている．

また，北アイルランドの権限移譲が他の「領域」と異なり，一国の内部で完結する「地方分権」としてのみ処置できないのは，問題の性質上，アイルランド共和国との関係をどうするのかという課題に直面

---

37) Bogdanor, V., 1999, op. cit., Ch. 2–3.
38) 松井幸夫「北アイルランドの和平と分権——地方分権とイギリス憲法改革(3)」『島大法学』第47巻第4号，2004，および元山健「北アイルランド」戒能通厚編著『現代イギリス法事典』新世社，2003，352–358頁を参照．

しなければならないからである．北アイルランド法第1条は，北アイルランド住民の投票による多数の同意なしに，連合王国への帰属が変更されることがないことを明言している．また，ベルファースト合意に際して，アイルランド島における共通の利益に関わる事項に対する協力を発展させるために，北アイルランド政府とアイルランド共和国政府の大臣が参加する南北アイルランド大臣協議会(a North-South Ministerial Council)を設置した．加えて，連合王国政府，アイルランド政府，北アイルランド政府，スコットランド政府，ウェールズ政府，およびマン島，チャンネル諸島(両島とも独自の議会を持っている)の各代表によって構成される連合王国・アイルランド協議会(the British-Irish Council)が設置された．同協議会の存在は，先の南北アイルランド大臣協議会が統一アイルランドへの一歩であるというユニオニストが抱く不安を解消するのに役立っている．さらに，連合王国政府とアイルランド共和国政府間の協議の場として，連合王国・アイルランド政府間会議(British-Irish Intergovernmental Conference)が設けられている．

　このように，北アイルランド分権は，全国政府から「領域」への権限移譲のみならず，ユニオニストとナショナリストとの合意を確実にするために周到な選挙制度，議会運営，内閣の構成となっている．さらに，アイルランド共和国との関係を安定的なものとするために，協議会が設置されており，制度の主要な部分に「外交」の要素が加わっているところに特徴がある．

　北アイルランドでは，その後，2000年2月から5月の間，そして2002年10月に再び議会活動が停止され直接統治にもどったが，2007年に自治が復活した[39]．

---

39) 北アイルランド議会復活までの経緯に関しては，Wilford, R. and Wilson, R., "Northern Ireland: Devolution Once Again", Trench, A. ed., op. cit., を参照．

2 連合王国の国家構造

(1) 不均一な権限移譲を受容する憲法構造

以上のように、さまざまな歴史的来歴をもつ「領域」はそれぞれが異なった形でイングランドと合併し、連合王国という国家を形成した。そして、それぞれの「領域」の政治的要求に対応する形で権限移譲が進められた。現代の連合王国が実践した権限移譲には、次のような意義を認めることができる。第一に、連合王国の一体性を損なうことなく、また、国会主権原理を象徴的に維持しながら、「領域」からの自治権、自己決定権の要求を認めることができた。上述したように、80年代末以降のスコットランドにおける分権運動は、人頭税導入に象徴されるような「民主主義の赤字」をいかに克服するかが最大の焦点であった。換言すれば、連合王国の憲法体制の危機を克服するための方策でもあった。こうした背景もあり、それぞれの「領域」では新しい形のデモクラシーを実現しようとしている。すなわち、「領域」ごとに議会を設置するとともに、従来にはない比例代表制をはじめとするさまざまな選挙制度が導入され、連立政治が常態化したり、ナショナリスト政党が政権に参加するなど、従来のウェストミンスター議会では見られなかった政治が実践されている。第二に、「領域」の歴史的経緯を踏まえ、それぞれの政治的、行政的状況に対応した形での権限移譲は、ひとつの国の内部に不均一な状態を生じさせた。一般に、中央の議会・政府から地方に権限を移譲する分権改革は、地方議会・政府を画一的なものとして扱い、すべての地方に対して、同一レベルの地方政府には同一の権限を移譲する方式を採っている。しかしながら、連合王国で実践された権限移譲は、「領域」ごとの不均一性を積極的に許容した国家の形態を生じさせた。それぞれの「領域」

の実情に適応した権限の移譲と議会・政府は，自治の観点からすれば望ましいものと評価される．第三に，不均一な権限移譲を行うことが，結果として連合王国の一体性を強化することになると評価される[40]．すなわち，「領域」が自治権を保持することによって，分離独立へと向かおうとするナショナリストの動きを弱めることになり，連合王国の枠組みを強化する．結果的に連合王国の統治構造は安定を維持することが可能になる．実際，スコットランド分権改革がユニオニストの労働党によって進められてきたのは，分離独立を主張するナショナリストへの対抗措置としての意味を持っていたことは周知の事実である．

このように，不均一な権限移譲は，現代の連合王国において新たなデモクラシーの実践，自治の進化，そして連合王国の枠組みの強化という意義を持っている一方で，さまざまな問題を含んでいることに留意しなければならない．

先ず権限移譲自体に関して言えば，北アイルランドの経験からは「領域」における統治にとって常に好ましい状態を保証する制度改革ではないことを認識しなければならない．連合王国において初めて「領域」に対して権限移譲を実行したのは北アイルランドであるが，そもそも南北アイルランドの分離がプロテスタント系住民の多数派形成という狙いから6地域とされたことが物語るように，当初から政治・行政両面においてカトリック系住民が不利になる構図を抱えていた．ところが北アイルランド議会は次第に，1929年に比例代表制を廃止するなど，カトリック勢力の政治参加を排除するような制度の見

---

40) Bogdanor, 1999, op. cit., pp. 294-298; Keating, M., "What's Wrong with Asymmetrical Government?", Elcock, H. and Keating, M. eds., *Remaking the Union: Devolution and British Politics in the 1990s*, London, Frank Cass, 1998, pp. 205-206.

第1章　不均一な権限移譲と国家統合

直しを行った．一方，こうした状況を打開するため，カトリック系住民による公民権運動が60年代後半より高まり，68年には北アイルランド各地で暴動が発生する事態を招いた．こうした動向に対して1969年，暴動の原因を究明するために北アイルランド政府によって設置されたキャメロン委員会は，住宅の割り振り，地方政府の役職の任命，地方政府の選挙区割りがカトリック系住民に不利に働いていたことを指摘した．1920年アイルランド統治法において，宗教の自由や全国政府の介入（総督による立法留保），ウェストミンスター議会の最高性が規定されていた．しかしながら，全国政府は1968年まで権限を移譲した北アイルランドに対して関与することに極めて消極的であった．そのため，ウェストミンスター議会の最高性の下に限られた権限を移譲し，全国政府からの介入の手続きが規定されているにもかかわらず，結果的に北アイルランドは高い自律性を保持することができ，カトリック系住民に対する構造的な差別が長期間にわたり放置された．最終的に全国政府は1972年，紛争解決のためには権限移譲を停止し，直接統治を選択せざるを得なかった[41]．

　権限移譲は「領域」の歴史的来歴や政治的状況に対応し，また，長期間の漸進的な改革を積み重ねることによって連合王国の憲法体制を安定化させてきたという特徴を持つ．そして，そのことが連合王国の国家統治の良き面としてしばしば言及される．しかしながら，改善を求める差別を受けている少数者からすれば，「領域」に対する権限移譲が全国政府の介入を消極的にさせる口実としてはたらき，そして抜本的かつ迅速な改革が行われない状態が長期化することは望ましい統治とはいえない．これは，戦後のアメリカにおいて南部諸州が州権論を標榜することによって黒人差別を温存しようとした構図と[42]，結果

---

41) Bogdanor, 1999, op. cit., Ch. 3.
42) 斎藤真ほか監修『アメリカを知る事典』平凡社，1986，221頁.

として類似している．人権の保障と「領域」を単位とした自治が常に整合するとは限らない例証である．

さらに，権限移譲の不均一性は，連合王国という国家を統合し，維持する際にさまざまな問題を生じさせ，これを解決することが極めて困難であることを露呈させている．現代の「領域政治」研究においても，近年，権限移譲された「領域」とイングランドをどのように調整するのかという問題が指摘されている．ミッチェル(Mitchell)によれば，権限移譲は「民主主義の赤字」という問題を抱えていたスコットランドおよびウェールズにおける正当性を回復させることに成功したが，他方においてそれが限定された「領域」に止まっていることと，副作用として正当性に関する新たな問題を生じさせたと指摘し，ウェスト・ロジアン問題を取り上げている[43]．また，ジェフリーも権限移譲が断片的であり統合されたプロジェクトではないこと，そして国内で最大の人口，面積を占めるイングランドが非対称的な存在でありながら，イングランドに対してはロンドンを例外として何も権限移譲が生じていないという構図から生じるさまざまな問題点を指摘している[44]．

実は，不均一な権限移譲に伴う諸問題をいかに処理するかは，連合王国の憲政史においても常に問題となっていた．すなわち，憲法体制の根本理念である国会主権原理と「領域」に対する立法権の移譲とをどのように整合性をとるのか，「領域」の財政自主権をどのように確立するのか，そして不均一な権限移譲から生じる国会議員の役割について，延々と議論が積み重ねられてきた．先に触れたように，こうした諸問題は，グラッドストンが手がけた19世紀末のアイルランド自

---

[43] Mitchell, J., "Devolution's Unfinished Business", *The Political Quarterly*, vol. 77, no. 4, 2006.

[44] Jeffery, C., "The Unfinished Business of Devolution: Seven Open Questions", *Public Policy and Administration*, vol. 22, no. 1, 2007.

第1章 不均一な権限移譲と国家統合

治問題(the Irish Question)として生じており,今日にも,形を変えて立ち現れている.

第一に,国会主権原理を擁護する立場から,アイルランドに対して自治権を付与することを強く批判したのが憲法学者のダイシーであった.ダイシーはアイルランド自治が連合王国の憲法体制を変質させるとして,また,自治権の付与ではアイルランドの人々のナショナリティの感情を満たすことはできないと批判するとともに,連合王国の議会がアイルランドの土地制度改革に取り組むべきであるとして,さらには,連合王国の維持のためにも,アイルランド自治に反対した[45].ダイシーら国会主権原理を重視し,自治権の付与に反対するユニオニストからの批判に対してグラッドストンは,国会主権と権限移譲との整合性に関して,バークの考え方をアイルランドのケースに適用することによって折り合いを付けようとした[46].バークによれば,ウェストミンスター議会の至高性を損なうことなく植民地に議会を設置することができるかを判断するに先立ち,ウェストミンスター議会の役割を下記のように2分して整理した.

---

45) Dicey, A. V., *England's Case Against Home Rule* (third edition), London, John Murray, 1887, Ch. 8.

ダイシーのアイルランド問題に関する邦語文献として,小山廣和「19世紀イギリス憲法下の「圧制」と「課税」――ダイシーの憲法論と「アイルランド問題」,「課税論」,税財政論を軸に」『法律論叢』第74巻第4・5合併号,2002を参照.

しかしながら,ダイシーは他方で,政府の統一,政治的権利の平等,制度の多様性という3つの「標語」を提示していた.また,カトリック少数派を攻撃しない限りにおいて北アイルランド議会の設立を支持しており,無条件でアイルランドへの権限移譲に反対していたわけではないことに留意が必要である.Mitchell, 2009, op. cit., pp. 67–68.

46) Devolution という概念を初めて用いたのはバークであるとしばしば指摘されている.Deacon, op. cit., p. 11; Hassan, G. ed., *A Guide to the Scottish Parliament*, Edinburgh, The Stationery Office, 1999, p. 163.

「……私は大ブリテンの帝国的諸権利と,他方で植民者がこれらの権利下で享受すべき諸々の特権とは,この世で最も調和し合うものと考える.大ブリテンの議会はその広大な帝国の盟主として,二つの資格において君臨する.一つはこの島国の局地的立法機関(local legislature)として国内のあらゆる事柄を直接的に,つまり執行権そのものを通じて統御する.——そしてもう一つの,私が一段と高貴な役割と考えるものは,いわば帝国的性格(imperial character)と呼ぶべきものである.本国はあたかも天の玉座にあるごとくに個々の下位の立法機関を総括し監督し,それらを毫も破壊することなく嚮導し統制する.……[47]」

このように,バークによれば,植民地の場合,局地的立法の権限を植民地に移譲することによって,これらの役割は分離可能であるとされた.バークが示したものは,一方が至高的であり,他方が自身の事項に関する実際的な自立性を享受しながら従属するという下位的である2つの政治共同体の可能性であった.こうしたバークの考え方は歴史と伝統に基づいており,地域に立法機関を設置することが大英帝国を変質させるのではなく,再活性化させるとの見解に拠っていた.そして,グラッドストンはこうしたバークの考え方に依拠して,第1次アイルランド自治法案を策定した[48].

しかしながら,第1次アイルランド自治法案において権限移譲を

---

47) エドマンド・バーク「アメリカへの課税についての演説」エドマンド・バーク(中野好之編訳)『バーク政治経済論集 保守主義の精神』法政大学出版局, 2000, 147-148頁. しかしながら, バークはこうした考えをアイルランドに積極的に適用しようとしたわけではない. むしろ, アイルランド問題に対する言動は極めて慎重かつ消極的なものに終始した. 坂本義和「国際政治における反革命思想——エドマンド・バーク」『坂本義和集1』岩波書店, 2004, 199-265頁.
48) Bogdanor, 1999, op. cit., pp. 23-24.

第 1 章　不均一な権限移譲と国家統合

具体化する過程でも，実際にアイルランド議会にどのような権限を移譲し，ウェストミンスター議会，そして全国政府とどのような関係を形成するかに関してはさまざまな問題点を生じさせた[49]．さらに，後に詳しく検討するように，不均一な権限移譲をすることによって浮上したアイルランド選出国会議員の役割，そしてアイルランドにどのように財政自主権を与えるかについても困難な問題を生じさせた．

こうした不均一性に伴い生じる問題を一挙に解決するには，全国規模で各地に対して自治権を付与し(home rule all round)，連合王国を連邦制的な国家へと再編することが求められる．しかしながら，自治権を強く求める運動がイングランドに存在しなかったこと，より強力な権限移譲を求めていたアイルランドのナショナリストが連邦的解決で納得する保証がなかったこと，さらに，多くのユニオニストはアイルランド自治問題を解決することなく連合王国を弱体化させることになるとして反対した．それでもアイルランド自治問題に対処していたアスキス内閣は，1912 年に連邦制的処置によって，アイルランド自治問題を解決しようと自治法案を提出したが実現しなかった[50]．

以上，イギリスの憲法構造の特徴ともいえる不均一な権限移譲が，アイルランド自治問題を契機に進められ，国会主権との整合性などさまざまな問題を生じさせてきた経過を概観した．権限移譲と国会主権との関係に関してみれば，1990 年代の後半におけるスコットランド，ウェールズ，北アイルランドへの分権改革に際しては，19 世紀末のアイルランド自治問題の時のような大きな政治的論争を生じさせなかった．その最大の要因は各「領域」に対する権限移譲が住民投票を経て承認され，民主的正当性が付与された後に，ウェストミンスター議

---

49)　Ibid., pp. 27–29.
50)　Ibid., pp. 44–49.

会において法案が上程,可決されたことによるところが大きいと考えられる[51]).

ここではさらに,アイルランド自治問題のときに生じ,その後スコットランドに対する権限移譲の際に再び顕在化した「領域」を代表する国会議員の役割,また,「領域」における財政自主権について,スコットランドを中心に検討する.

3 ウェスト・ロジアン問題(the West Lothian Question)

不均一な権限移譲の効果は「領域」内における議会・政府の活動にのみ限定されるわけではない.権限移譲された「領域」から選出される国会議員の役割と,それ以外の「領域」から選出された国会議員の役割をどう考えるかが常に問題とされてきた.後述するように,こうした問題の端緒も実はアイルランド自治問題に発しているが,現代の連合王国の政治に直接的に関わる問題として改めて提起され,現代まで論じられるようになったのは,1970年代に,スコットランド分権改革が論じられてからである.

当時,スコットランド選出の労働党下院議員でありながら分権改革に反対していたタム・ディヨー(Tam Dalyell)は,権限移譲が実行された際,イングランド選出の国会議員がスコットランドに権限移譲された事項について投票できない一方で,スコットランド選出の国会議員がイングランドに関する事項に対して投票を行うことは正当化できるかと問題提起した.ディヨーの選挙区がウェスト・ロジアンであったことから,この問題はウェスト・ロジアン問題と呼ばれるように

---

51) アイルランド自治に強く反対していたダイシーですら,住民投票による信任を経たならばこれを認める考え方を当時から示していた.Bogdanor, V., 2009, op. cit., p. 186.

第 1 章　不均一な権限移譲と国家統合

なった.

　実際，こうした事態は 2003 年に，ブレア政権が提出した保健医療・社会ケア法案に対する投票行動として表れた．この法案は，イングランドの NHS 病院が政府の統制を離れて，独自の運営を行ったり市場から資金を調達することを可能にさせる狙いがあった．ところが，NHS の公営かつ普遍的なサービスという原則を大幅に変更することにもなるため，労働党内においても大きな反発が生じ，法案が可決されるか予断を許さない状況を招いた．そのときに同法案の可否に対する帰趨を握っていたのは，権限移譲によって同法案の影響を受けないスコットランドとウェールズ選出の労働党議員の動向であった．実際，同法案は 286 対 251 の僅差で可決されたが，イングランド選出のすべての国会議員の賛否だけを見れば 217 対 218 となり，反対票が賛成票を 1 票上回っていた．ところが，全体の投票において同法案が可決されたのは，スコットランド選出の労働党議員は 42 対 3，ウェールズ選出の労働党議員は 25 対 4 と，それぞれ賛成多数であったことが同法案の可決に大きく貢献した[52]．同様の事態は，2004 年 1 月にも，イングランドの大学の授業料を値上げする政府提出法案についても生じた．与党労働党からも多くの反対があった同法案は，スコットランド選出の労働党議員による賛成票が大きな影響力を持ったことによって，僅差で可決された[53]．

　こうしたスコットランド，そして場合によってはウェールズを含めた非イングランド選出国会議員の役割について，1990 年代始めから保守党は強い批判を展開してきた．1997 年から 2001 年まで党首を務

---

52) Lodge, G., Russell, M., and Gay, O., "The Impact of Devolution on Westminster: If Not Now, When?," Trench, A. ed., *Has Devolution Made a Difference: The State of the Nations 2004*, Exeter, Imprint Academic, 2004, pp. 198-205.
53) BBC News, 2004. 1. 27.

めたウィリアム・ヘイグは,「イングランド人がイングランドの法を表決すべき」と主張し,これを 2001 年の保守党マニフェストに反映させた. その後の党首マイケル・ハワードもこの問題を取り上げ, さらに具体化しようとした[54].

先に言及したように, 不均一な権限移譲によって生じたウェスト・ロジアン問題は, 実は 19 世紀末にアイルランド自治問題の際にすでに表れていた. 当時は, アイルランド選出国会議員のウェストミンスターからの除外, アイルランド選出議員が投票できる法案を外交や防衛など留保権限に関わる分野に限定する方法(in and out proposal), アイルランド選出国会議員の数の削減という案が検討された. しかしながら, アイルランド選出国会議員を排除した場合, ウェストミンスター議会がアイルランドに課税をすることが正当化できるのかという難問が生じた. また, アイルランド選出国会議員が投票できる留保権限, すなわち帝国全般に関わる事項とそうでない事項を分けることが現実には技術上困難であった. さらに, アイルランド選出国会議員の数を減らしたとしても, イングランド, スコットランド, ウェールズにのみ関わる法案への投票が可能であることに変わりはなかった[55]. この憲法体制の根本にも関わる難問に対して, グラッドストンをはじめ歴代内閣は苦慮し続けたが, 妙案を見出すことはできなかった. そして, 同じ構図の問題がスコットランド分権改革とともに再び現れ, 同じような解決困難な議論が繰り返されている. 今日, ウェスト・ロジアン問題を解決するために改めて提起されているのは, イングランドに関する法律をイングランド人のみが表決する方法(in and out solution),

---

54) Russell, M. and Lodge, G., "The Government of England by Westminster", Hazell, R. ed., *The English Question*, Manchester, Manchester University Press, 2006, pp. 84.
55) Bogdanor, 1999, op. cit., pp. 29–35.

イングランド議会(an English parliament)の設立，地域議会の設置(English regional government)，立法手続きの変更である．しかしながら，それぞれの案にも技術的あるいは現実的な問題点があり，そのいずれも実行することが困難視されている[56]．

第一のイングランドに関する法律をイングランド人のみで表決する方法は，技術的にイングランドのみに限定される法案とそうでない法案を区別することが困難であると指摘される．法案の内容自体がイングランドに限定されたとしても，その影響がバーネット・フォーミュラを通じてスコットランドをはじめとする他の「領域」の財政資源の配分に生じる場合，非イングランド選出国会議員がイングランドのみに関わる法案の採決に加わった．実際，こうしたケースは先に触れた2003年のNHS病院改革を内容とした保健医療・社会ケア法案の採決にあらわれた．また，法案の賛否が僅差で決せられるような場合など，政党の投票行動は原則的であるというよりも現実的対応が採られる．

一方，第2章で詳述するように，スコットランド議会に権限移譲されている事項に関する法案を，スコットランドの側が同意を与えることによってウェストミンスター議会が全国的な法案として議決することを可能にする手続きがある．これは「スーウル・モーション(Sewel Motion)」と呼ばれるものであり，この手続きに即してウェストミンスター議会で法案が審議される場合は，スコットランド選出国会議員がスコットランドに権限移譲された事項に関して審議を行う役割を持つことになり，彼(女)らの活動はいっそう複雑なものになる[57]．

---

56) 以下の叙述は，Russell, M. and Lodge, G., op. cit., pp. 84-92 の議論に依拠している．

57) Gay, O. and Holden, H., *The West Lothian Question*(*Standard Note*), House of Commons Library, 2010, p. 31.

さらに，この方法は連合王国におけるウェストミンスター議会の国会議員が果たす役割の憲法原則にかかわる深刻な問題を生じさせる．すなわち，連合王国は伝統的に単一の議会を構成する構成員すべてが平等であり，その構成員の上に成り立っており，すべての構成員は選挙区の領域的な範囲に関わりなくすべての事項について投票できるとされている．それゆえ，選出される「領域」によって投票行動を変えることはこの憲法原則を変更することにつながる．そして，法案によって賛否が分かれるということは政府が常に下院の多数を統制できない事態を生じさせることになる．さらに，ウェストミンスター議会が票決を2通りに区分するということは実質的に，2種類の議会が並存する事態を生じさせる．

　第二のイングランド議会の設立は，イングランドとウェールズに関わる事項をどのように区別するのかという問題を新たに生じさせる．一方で，イングランド議会という構想に対する支持がイングランド人の間にほとんどなく，また，仮にイングランド議会が設立された場合，他の「領域」と比べて圧倒的に巨大な存在となり，強い影響力を持つことになることに対する疑念がある．

　第三の地域議会の設置に関しては，イングランド議会と同様に，全国レベルで均一的な権限移譲を行わない限り問題の解決にはならない．しかし，スコットランド議会と同等の立法権をもった地域議会を設立することは実現性に乏しい．

　第四の立法過程の手続きの変更では，イングランドあるいはイングランドとウェールズのみに関する法案をその「領域」から選出された国会議員によって審議する委員会を設置する案が様々な形で検討された．しかしながら，結局はイングランド議会を設置することと同じ帰結を生じさせる場合や，本会議において委員会の意見が尊重される保証がない場合などの問題点を抱えていた．また，実際には1975年

第1章 不均一な権限移譲と国家統合

にイングランドに関する事項を審議する常任委員会(the Standing Committee on Regional Affairs)が設置されたが,立法上の権能がなかったことからほとんど利用されなかった.2000年により限定された形態によって,同委員会が復活したが活用されていない現実があった.

このように,ウェスト・ロジアン問題を解決するために,アイルランド自治問題以来,さまざまな案が提案されてきたが,技術的な問題や政治的な実現可能性のために,抜本的な解決は先送りされてきた.部分的な対処として,SNP,保守党そして,スコットランド選出の一部の国会議員が,イングランドに関わる法案に対する表決を棄権するという行動をとってはいるが,先に見たように,イングランドのみに関わる法案であってもその影響がスコットランドに波及するとみなされた場合にはその限りではない.それゆえ,彼(女)らの行動も必ずしも一貫しているわけではない.

こうした状況に対して,唯一の抜本的な対処として,幾人かの論者からは下院の選挙制度を比例代表制に改革するという構想が提案されている.ウェスト・ロジアン問題を生じさせている最大の要因は不均一な権限移譲にあるが,さらに「領域」における政治文化の相違がこれを際立たせている.90年代以降,スコットランド,そしてウェールズでは,保守党の議席が減少してきた一方で,労働党,自由民主党,地域政党らの獲得議席が増大していった.その中でも特に,労働党の議席数が得票率と比較して極めて有利に確保されているという傾向がある.2010年5月の総選挙の結果を見ても,保守党が躍進し13年ぶりの政権交代が実現したが,スコットランドとウェールズに関してみれば,保守党の議席はそれぞれわずか1,8に止まったのに対して,スコットランドとウェールズにおける労働党の議席はそれぞれ41,26と圧倒的な多数を占めている[58].それゆえ,現行の小選挙区制を改め,比例代表制を導入することによって,スコットランド,ウェー

ルズにおける労働党の突出した議席の確保が見直され,スコットランド,そして場合によってはウェールズ選出の労働党議員の投票行動がもつ影響力が小さくなるものと予想されている[59]. しかしながら,ウェスト・ロジアン問題を一貫して批判してきた保守党,そしてスコットランドとウェールズで有利な議席を確保し続けている労働党がこれに反対する姿勢をとり続けている. 加えて,比例代表制の導入は自由民主党の大幅な議席増加と,絶対多数を確保する第1党が現れなくなる事態,さらには連立政権を恒常化させることになり,二大政党制を基本とした連合王国の政党政治のあり方を大きく変容させることになる. それゆえ,比例代表制の導入という選挙制度を通じた形でウェスト・ロジアン問題を解決することは当面,政治的には困難であろう.

4 「領域」における財政問題

権限移譲を行った「領域」の自治権を強固なものにするのであれば,それらの議会・政府に財政自主権を与え,自立性を高めることが望ましいことはいうまでもない.「領域」における財政制度のありかたに関しても,アイルランド自治を議論する際に大きな問題となった. もっとも当時の論点は財政自主権の確立というよりも,アイルランドが連合王国の政府に留保された権限に関する行政サービス(外交や防衛など)を享受することに対する経費をどのように負担させるかにあった. その時の議論の焦点は,アイルランド議会に対してどのような課税権を与えるかであるとともに,留保権限の行政サービスに対する負担の算出方法と負担額の程度にあり,これは先に検討したアイルランドから国会議員を選出すべきか否か,彼(女)らの役割の問題とも密接に関

---

58) Ibid., p. 32.
59) Russell, M. and Lodge, G., op. cit., p. 92; Bogdanor, 1999, op. cit., pp. 232–235.

第1章　不均一な権限移譲と国家統合

連していた．前者に対しては帝国分担金(Imperial Contribution)をどのように課すかに関して，一連の自治法案においては帝国に関する全体の支出のうち固定比率をアイルランドに課す方法や，関税収入の一定割合を充当させる方法などが提案されたが，アイルランドの行政経費をアイルランド域内の税収で充当することが困難になるにつれ，1914年法では当面これを課さないこととなった[60]．

このように連合王国において初めて権限移譲を行った「領域」である(北)アイルランドでは，結局は(北)アイルランド政府に十分な財政自主権を与えることなく，議論が収束していった．その後，1970年代にスコットランド，ウェールズに対しての権限移譲が政策課題として浮上した際，改めて「領域」における財政制度をどのように確立するかが問題となったが，財政自主権を確立する方向での改革は検討されなかった．その一方で1978年に一括交付金をバーネット・フォーミュラ(the Barnett Formula)という算定式によって総額を決定する方式が採用され，スコットランド，ウェールズ，北アイルランドに対する財政資源の配分方法として今日まで利用されているが，しばしば，この算定式がスコットランドに有利に働いているのではないかとする批判が保守党のイングランド選出議員から出されている[61]．こうした問題の背景には，権限移譲された3つの「領域」とそうではないイン

---

60) 日浦渉「19世紀後半のイギリス=アイルランド財政関係と自治問題　グラッドストンの2つの自治法案をめぐって」『社会経済史学』第75巻第5号，2010，および日浦渉「20世紀初頭におけるアイルランド自治問題と連邦構想」『西洋史研究』新輯第32号，2003．
61) スコットランドの予算およびバーネット・フォーミュラの概要に関する叙述は，以下の資料を参照している．Burnside, R., *Guide to the Scottish Budget-Subject Profile*(*SPICe Briefing*), Scottish Parliament, 2007; The Scottish Parliament(The Information Centre), *The Barnett Formula*(*Research Note*), 2000; Webb, D., *The Barnett Formula*(*Research Paper*), House of Commons Library, 2007.

グランドとの不均一性の構図がある.

スコットランドの予算は, 総額の支出(Total Managed Expenditure——TME)は, 省庁の活動にもとづいた支出(Departmental Expenditure Limit——DEL)と, 毎年度管理される支出(Annually Managed Expenditure——AME)に分類される. DEL は, スコットランドの予算総額のうち 86％(2007 年度予算)を占め, この DEL を決定する際にバーネット・フォーミュラが使用される. 一方, AME は, 計画的な予算の編成になじまない性質の支出を扱い, 予算総額のうち 14％(2007 年度予算)を占めている. 例えば, EU の共通農業政策に関する支出, 住宅への補助金, NHS, 教員の年金などが含まれる.

バーネット・フォーミュラは一括交付金を決定する際に, 前年度の一括交付金総額を基本としつつ, それをどの程度変化(増額または減額)させるかを自動的に算出するための方式として導入された. その際, 変化の割合を人口比に基づいて算出する点に特徴がある. バーネット・フォーミュラが導入された当初, スコットランドとイングランドの人口比は 10 対 85(11.7％)であった. それゆえ, イングランドの予算において前年比で変化した額に対して 11.7％ を乗じたものが, 次年度のスコットランドの一括交付金に反映されていた. 例えば, イングランドの教育関係予算が前年比で 100 万ポンド増額したならば, スコットランドに対して自動的に 11.7 万ポンド増額することになっていた. なお, バーネット・フォーミュラのようにスコットランドとイングランドの人口比に応じて変動する予算を配分する方式は 1970 年代に新たに開発されたのではなく, 1888 年から 1957 年までスコットランドに対する予算配分の際に使用されていたゴッシェン・フォーミュラ(the Goschen Formula)にその前例があった. その意味で「領域」に対する財政資源の配分方式も, 長年にわたる合意を慣習化しつつ, それを調整しながら維持されてきたという性質を持っている. こ

のように，スコットランドの一括交付金の総額は，前年度からの漸変的な調整を基本としている点，イングランドの行政経費の増減が反映される点，そして変化の割合を人口比によって算出する点に特徴がある．さらに，スコットランドのそれぞれの政策分野において発生する行政需要の実態に即して一括交付金が算定されるわけではないところにもうひとつの特徴がある．加えて，一旦配分された財政資源の使途はそれぞれの「領域」の議会・政府が自由にこれを決定し，執行することができる．このように「機能」に基づいた根拠よりも「領域」に基づいて支出を決定するメカニズムであり，擬似連邦制的な財政制度であるとも言える．これは，スコットランド省，ウェールズ省，北アイルランド省などの活動とともに，「領域」における独自性を強化するように作用した[62]．

こうした「領域」に対する独特の財政制度に対しては，その適用対象外であるイングランドの保守党をはじめとして多くの批判が提起されている．その中心となる論点は，市民一人当たりの政府支出額に「領域」間さらには，イングランド内部の地域間の格差が存在しているところにある．スコットランドの市民一人当たりの政府支出は118，ウェールズは110，北アイルランドは126であり，全国平均100と比較して高水準であるばかりではなく，イングランドとの差が歴然と開いている(図表1-8参照)．そのため，こうした状況に批判的な論者は，バーネット・フォーミュラによって一括交付金が算定される方式が，権限移譲された「領域」に対して有利な財政資源の配分を正当化しているのではないかと指摘する．

ところが，「領域」間における財政資源の配分に関して，どのような方法によってどのような状態が公平であるかを定義し，客観的な基

---

62) Bogdanor, 1999, op. cit., p. 245.

	イングランド	スコットランド	ウェールズ	北アイルランド
教　　育	98	112	102	113
保　　健	98	113	103	104
道路および運送	95	162	89	93
住　　宅	88	163	97	263
環境保護	96	129	121	88
治安および安全	100	90	100	141
企業および経済開発	90	170	117	151
1次産業および食料	78	231	120	311
レクリエーションおよび文化	89	151	164	168
社会的保護	97	109	113	126
全　　体	97	118	110	126

Source: HM Treasury.
(出典) Keating, M., *The Government of Scotland* (second edition), Edinburgh University Press, 2010, p. 176.

図表 1-8 特定可能な一人当たりの支出額，2007-08 年
（全国を 100 とした場合）

準によって判断することは極めて困難である．バーネット・フォーミュラの妥当性をめぐる議論においては，市民一人当たりの政府支出額という指標が用いられるが，この指標自体を用いることの妥当性，そしてこれを判断する基準は自明ではない．スコットランド市民一人当たりの政府支出額は，イングランド市民一人当たりと比較してほとんどの項目で上回っているが，このことに社会経済的要因などの正当な根拠があれば政治的な対立とはならないはずである．問題はバーネット・フォーミュラによる算定の財政資源の配分が人口比に基づいており現実の行政ニーズを反映していない，――少なくとも行政ニーズに基づいて算出されていない――ところにある．それゆえ，「領域」間における財政資源の配分に関する議論においては常に，客観的な方法によって「領域」における行政ニーズを測定した上で財政資源を配分

する必要性とともにそれを実行する難しさが指摘されている[63].

また,バーネット・フォーミュラが政治的な関心を持たれるもうひとつの理由として,「領域」間における市民一人当たりの政府支出額の差が収束(convergence)する効果が現れていないことが指摘されている.すなわち,バーネット・フォーミュラによって一括交付金を算定し,各「領域」へ財政資源を配分する方式を実施すれば,中長期的にはイングランドとそれ以外の「領域」との間に存在する市民一人当たりの政府支出額の差が収束することが期待されていた.スコットランドの財政学者であるミッドウィンター(Midwinter)は収束効果はバーネット・フォーミュラの公式的な目標ではないとして否定するが,制度に関わる多くの利害関係者そして研究者は,収束効果が生じることを前提にした議論を展開している[64].そこでは,理論的には収束効果が生じる前提があったが,現実には,スコットランドのイングランドに対する人口比が現実よりも高く設定されていたため,スコットランドに有利な形での財政資源配分があったこと,また,バーネット・フォーミュラによって算定されない形でこれを迂回してスコットランドに配分される支出が一定の割合で存在したことが大きな要因としてはたらき,スコットランド市民の一人当たりの政府支出額を高い水準のまま維持させてきたと指摘されている.バーネット・フォーミュラが導入された当初は,スコットランドの人口10に対してイングランドの人口を85として,イングランドの予算に変化があれば,スコットランドに対して11.7%の配分が保証されていた.しかしながら実際のスコットランドの人口はそれを下回っていたにもかかわらず

---

63) Heald, D. and McLeod, A., "Beyond Barnett? Financing devolution", Adams, J. and Robinson, P. eds., *Devolution in Practice: Public Policy Differences within the UK*, London, IPPR, 2002.

64) McGarvey and Cairney, op. cit., pp. 186–187.

1992年まで見直されることはなかった．現在は，財務省が毎年正確な概算を行っているがなお，一定程度の不確定性とタイムラグが生じる[65]．

ところが，これに対してウェールズ議会政府は独立委員会を設置し，現行の財政制度の現状と課題を検討した．この委員会報告では，バーネット・フォーミュラによって収束効果が現れていることを問題視し，実際の行政ニーズに基づいた算定方式に改めるよう勧告を出した[66]．

このようにバーネット・フォーミュラに基づいた算定による財政資源の配分には，さまざまな問題点が指摘されており，そのことが「領域」間をまたいだ問題を政治化させている．しかしながら，先に言及したように，「領域」における行政ニーズを定義し，科学的，客観的に測定することは困難であり，むしろ，政治的な意味での合意形成が可能であったがゆえに暫定的な措置として導入された経緯がある．財務省にとっても，「領域」に対する財政支出を算定する自動的なメカニズムが提供されることによって毎年度の予算編成時に内閣や各省間での論争を回避することが可能となり，利害関係者との了解を容易にさせたという役割がある[67]．

それでは，各「領域」が権限移譲を達成した今日においても，全国政府が集権的に一括交付金を中心としたしくみによって財政資源を配分する方式は未来永劫持続する方式なのであろうか．「領域」における自己決定権を確立するのであれば，立法権のみならず財政自主権を保持することが求められる．その際，財政資源を調達する権限とそれ

---

65) Ibid., pp. 187-188; Bogdanor, 1999, op. cit., pp. 243-244; Heald, D., "Territorial Public Expenditure in the United Kingdom", *Public Administration*, vol. 72, summer, 1994.

66) Independent Commission on Funding and Finance for Wales, *Funding devolved government in Wales: Barnett & beyond (First report)*, 2009.

67) McGarvey and Cairney, op. cit., pp. 183-184; Bogdanor, 1999, op. cit., p. 246.

を行使する権限が一致していることが望ましい[68]．

実際，使途の自由は確保されている一方，財政資源のほとんどを全国政府から交付されているスコットランドの現行制度に対しては，政治的な立場や論拠は異なるものの，SNP，自由民主党，保守党の各党は一括交付金方式を改め，財政上の自主権を高める必要性を指摘している[69]．

しかしながら，現実問題としてどのような制度によって財政自主権を確立するかを具体的に検討すれば，多くの難問に直面する．例えば，スコットランドが完全な財政自主権を持つ場合，スコットランド内で徴収されるすべての税収から，全国政府によって提供されるサービスに対する金額を支払うことになる．どの程度スコットランドが支払う義務があるかに関しては，困難かつ政治的に論争を引き起こす計算を必要とする．また，スコットランドと中央政府の間で税を分割し，スコットランドに対して税が割り当てられる方式があるが，税率変更権がないために困難が生じる．また，税率や課税対象の変更権を含めて一定の税目を移譲する方法があるが，他地域との税率の相違が問題を生じさせる場合がある．さらに，所得税を移譲した場合でも起債権を合わせて移譲しなければ不況時の対応が支出の削減か増税のみに限定されてしまう．加えて，連合王国内部の「領域」間の公平を確保する要請に応える方法を確定させることはいっそうの困難を極める[70]．このように財政自主権の確立に関わる問題点を検討してゆくと，19世紀末から20世紀初頭にアイルランド自治問題に際して当時の歴代内閣が直面した難問と類似の構図に直面することがわかる．

---

68) Bogdanor, 1999, op. cit., p. 241.
69) Keating, M., *The Government of Scotland* (second edition), Edinburgh, Edinburgh University Press, 2010, pp. 196-201.
70) Ibid.

スコットランドにおける財政自主権に関しては，全国政府が分権改革 10 周年を機に設置した委員会(the Calman Commission——カルマン委員会)においても議論された．カルマン委員会が 2009 年 6 月に発表した勧告の中では，国税である所得税を 10％ 削減し，その分の課税権をスコットランドに与える勧告を行った(同時に相当額の一括交付金を削減)．さらに，印紙税やごみの埋め立て税，航空税の移譲も勧告された[71]．これは，現行の全国政府からの一括交付金による財政資源配分方式を基本としつつ，その枠内でスコットランドの財政自主権を高める構想である．一方，2009 年の 7 月には貴族院に設置されていた委員会(the Barnett Committee——バーネット委員会)は，30 年余り利用されてきたバーネット・フォーミュラを廃止する勧告を出した．同委員会は，バーネット・フォーミュラによる一括交付金の算定がスコットランドに有利な形で行われていることを指摘し，これを実際の行政ニーズに基づいた配分方式に改めるべきであると結論づけた[72]．

しかしながら，現行制度を見直すことによって顕在化する関係者間の政治的対立を乗り越えて，多くの利害関係者がより満足する形で合意を形成するような見通しはなく，結果として，バーネット・フォーミュラによる一括交付金方式が当面は存続するか，あるいは，部分的な見直しに終始するものと思われる．

5　さまざまなユニオンの結合体としての連合王国

イギリスの各「領域」に対する権限移譲は，それぞれの「領域」が

---

71) Commission on Scottish Devolution, *Serving Scotland Better: Scotland and the United Kingdom in the 21st Century*(Final Report), 2009.
72) House of Lords Select Committee on the Barnett Formula, *The Barnett Formula: Report with Evidence*(First Report of Session 2008-09), 2009.

もつ歴史的経緯や自治権を求める政治過程に強く影響されている．その結果，それぞれの「領域」に対する権限移譲は状況対応的に，段階的に進行した．そのことは各「領域」の政治的・行政的現実に対応した権限移譲を可能にするとともに，連合王国の枠組みを維持する憲法体制の安定に貢献するという意義があった．しかしながら，先に検討したように不均一な権限移譲が今後も連合王国の一体性を保証するとは限らない．むしろ権限移譲が進展することによってさまざまな形で，連合王国の統治構造のありかたに再考を迫る可能性がある．

既に言及したように，権限移譲の不均一性から生じるこのような諸問題への根本的な解決策は，イギリスを連邦制国家に再編することにある．しかしながら，依然として国会主権原理を標榜する憲法構造を維持していること，そしてイングランドから権限移譲を求める政治的な要求が弱いことから，実現可能性は乏しい．ウェスト・ロジアン問題，バーネット・フォーミュラによる財政資源配分は，各「領域」への権限移譲が進む一方で，それぞれの「領域」とイングランドとの関係を整合的に検討してこなかった帰結とも言える．それは，連合王国の「領域政治」の第一人者であるミッチェルやジェフリーによって指摘されてきたところでもある．さらに，彼らによれば，不均一な権限移譲によって政策の差異が生じることが全国レベルでの共通のシティズンシップ，特に社会的シティズンシップの土台を掘り崩す可能性が指摘されている[73]．同様の観点からボグダノー(Bogdanor)も，権限移譲は戦後の連合王国の福祉国家を支えてきたイデオロギー，社会民主主義イデオロギーの土台を掘り崩すように作用していると指摘している[74]．これらウェスト・ロジアン問題，バーネット・フォーミュラ方

---

[73] Jeffery, 2007, pp. 103–104; Mitchell, J., "Evolution and Devolution: Citizenship, Institutions, and Public Policy", *Publius: The Journal of Federalism*, vol. 36, no. 1.

2007年5月の選挙で第1党となったSNP議員(前列中央がアレックス・サーモンド首相)

式,そして社会的シティズンシップの共通性をどうするかという諸問題は密接に関連している.

また,キーティングは,多くのイギリス人は連合王国が存在してもしなくても生活できると考えており,さらに半数のイングランド人はスコットランドの独立はイングランドの繁栄に無関係であり,独立を支持すると回答した世論調査の結果に言及し,スコットランド独立がタブー視されなくなってきた変化を明らかにした.このように世論調査の次元では,連合王国の一体性を至上的価値とする言説が次第に説得力を持たなくなってきた.さらに,キーティングによれば,分権改革後にも依然として中央においてスコットランドが影響力を持っていることに対して,イングランドの指導者層と世論が不満を高めているとして,連合王国の終焉は,スコットランドによる離脱ではなく,イングランドによる離脱から生じるかもしれないと指摘した[75].このように連合王国の帰趨を決定づけるのは,それぞれの「領域」のナショナリズムというよりもむしろ,イングランドをどのように憲法構造の

---

74) Bogdanor, V., "The West Lothian Question", *Parliamentary Affairs*, vol. 63, no. 1, 2010.

75) Keating, 2009, op. cit., pp. 45-46, 178-179.

第1章　不均一な権限移譲と国家統合

中に位置づけるかによるところが大きい.

　以上のような各「領域」の構成のされ方は，連合王国という国家をどのようにとらえるかにも関わってくる．ロッカン以降，連合王国の国家構造は，単一国家，すなわちユニタリー・ステイト(a unitary state)ではなく，「領域」における多様性を内包したユニオン・ステイト(a union state)として理解されてきた．すなわち，ユニタリー・ステイトは，経済的支配を享受し，一貫した政策上の行政的統一を追求する明確な政治的中心を構築しており，国家のすべての区域は同様に扱われ，すべての制度は直接的に中心の統制下にあるのに対して，ユニオン・ステイトは，行政的統一は大半の領域に及ぶものの，個々の王朝の結合の帰結が，一定の地域的な自立性を保持し，固有のエリート確保の代理としてつとめる制度的基盤や一定の区域の結合以前の諸権利の存続を伴うものとして理解されてきた[76]．

　ところが，先に検討したように連合王国における「領域」の多様性は，あくまでもイングランドを除いた多様性にすぎない．「領域政治」が現実の場面で，また，研究面において，国内で極めて巨大な存在であるイングランドを看過してきた問題はミッチェルやジェフリーによって批判されてきた[77]．ミッチェルは連合王国という国家構造をより適切に把握するため，新たにステイト・オブ・ユニオンズ(a state of unions)という概念を提示している．すなわち，先ず，単一国家として形成され，その性質を継承した単一政体(a unitary polity)としてイングランドをとらえている．そして，イングランドとウェールズとの

---

76) Rokkan, S. and Urwin, D. W., *The Politics of Territorial Identity: Studies in European Regionalism*, London, Sage, 1982, Ch. 1.
77) Mitchell, 2009, op. cit., Jefferyは，状況に応じた対応(muddling through)は権限移譲に関する一般的に抱かれていたある種の共通理解の基礎を提供してきたかもしれないが，それは危険な戦略であろうと指摘している．Jeffery, 2007, p. 105.

合併(union with Wales)は,単一国家モデルとしての国家形成に適合的であり,相当程度同化が進んだところにスコットランド,アイルランドとの合併の違いがある.これに対して,スコットランド,アイルランドとイングランドとの合併は典型的なユニオン・ステイトの形式であった(Scotland and the union, Ireland and the union).このようにミッチェルは,イングランドの単一政体としての特性,そして各「領域」とイングランドとの合併のされかたの違いを考慮するために連合王国をステイト・オブ・ユニオンズとしてとらえたのである[78].このさまざまなユニオンの結合体としての連合王国が,今後,限りなくルーズなユニオン(ever looser union——Mitchell 2009, op. cit., p. 226)として存続し続けるのか否かは,不均一な権限移譲が生じさせた諸問題を,各「領域」の政府が,そして連合王国の政府がどのように処理していくのかによるところが大きい.

---

[78] Mitchell, 2009, op. cit., pp. 14-15.

第 2 章
スコットランド議会・政府の活動と課題

　20世紀末におけるスコットランド分権改革の最大の成果は，1次立法権の移譲を伴った議会を設置したことにある．このことによってスコットランドという「領域」における自己決定権が相当程度，確立した．連合王国は国会主権を憲法構造の根本的な原理としているため，「領域」に対する権限移譲をもって連邦制に移行したわけではないが，スコットランドに議会が設置されたことによって，ウェストミンスターとスコットランドとの関係は擬似連邦制(a quasi-federal system)に変容したと評される[1]．

　ところがその一方で，連合王国は一国全体を規定する従来の憲法構造，行政制度との連続性を維持している．これは国会主権原理のみならず，公務員制度，行政機構，財政制度などにもあらわれている．新たに創られたスコットランド議会も，こうした構造から切り離されたところで存在しているわけではなく，従来の体制，制度との関係を密接に保ちながら活動している．それゆえ，スコットランド政治には，新しさと旧さが並存し，漸進的な発展を実践しているところに特徴がある．

---

1) Bogdanor, V., *Devolution in the United Kingdom,* Oxford, Oxford University Press, 1999, pp. 287-294.

1 スコットランド議会と政府の構造

(1) スコットランド議会の概要
① 1次立法権

スコットランド議会は法律を制定する1次立法権をもった立法府である.スコットランド議会に与えられる立法権はスコットランド法によって規定されているが,それはウェストミンスター議会に留保される権限を列挙し,それ以外のものすべてに関してスコットランド議会が立法権を有するものとする方式を採っている.これは住民投票の結果,施行されなかった1978年の分権法が移譲権限を限定的に列挙していたことと比較すると極めて対照的である.また,同じ時期に発足したウェールズ議会が1次立法権ではなく,法律の細目を規定する2次立法権の移譲に止まっていることと比較しても,強力な立法権が付与されていることがわかる.

スコットランド法に規定される留保権限は,第一に,国防,外交,国家安全保障など典型的な国家機能に関する分野,第二に,経済的な条件に関わる貿易の自由や全国レベルでの単一市場に関わる分野,第三に,全国レベルでの社会保障制度,特に現金給付に関わる分野,第四として,残余部門の権能の分野に大別される.一方,スコットランド議会に移譲されている権限はスコットランド法には列挙されていないが,医療・保健,教育・職業訓練,地方政府,社会福祉事業,住宅,土地利用計画,経済開発,内務,司法,大半の刑事法,環境,農業,漁業,林業,スポーツ,芸術などの分野が含まれる[2].

このように,ウェストミンスター議会とスコットランド議会の立法

---

2) Keating, M., *The Government of Scotland* (second edition), Edinburgh Edinburgh University Press, 2010, pp. 34-37.

スコットランド議会棟正面

権の範囲は明確に分離されてはいるが，現実の政策過程において両者の関係は複雑さを帯びており，厳然とした役割分担が確立しているわけではない．例えば，地域経済に関する政策分野はスコットランド議会の権限であるが，国に留保されているマクロ経済や全国レベルでの競争・規制に関する政策や税制に影響される．また，福祉政策に関してみれば，現金給付は国の役割であるが，福祉政策分野のうち対人社会サービスや職業訓練，公営住宅は移譲権限となっている．このことは後に言及するように，スコットランド政府の独自政策である高齢者ケア・サービスの無料化の政策上の効果を限定的なものにさせた．さらに，1次産業や環境政策をはじめ多くの移譲権限は EU レベルにおける決定や規制に従わなければならないものが多く，いっそうの複雑さを生じさせている．EU をはじめとする国際機関における協議に参加する主体は全国政府であり，スコットランドの利害を維持し，反映

させるためには,全国政府の閣僚を通じてすすめることが基本的な行動原則となる.このように,スコットランド議会に移譲されている権限に関する公共政策を形成,決定,執行しようとしても,スコットランド議会・政府によって移譲権限の枠内で完結できるケースはまれである.スコットランド政府は,さまざまな形で全国政府,EUなどの他の主体との調整を図りながら,自らの政策の実行を図らなければならない.権限移譲された「領域」の政治的自立性は,重層的な政府間の関係を実際の具体的な政策過程に即して検討することによってはじめて明らかにすることができる.

こうした国会が有する立法権を分割し下位の立法府に移譲する分権改革は,連邦制的な政府間関係への変容とも理解できるが,公式的にはスコットランドのみならず,ウェールズ,北アイルランドへの権限移譲においても,連合王国の憲法構造の根本原理である国会主権は維持されていることになっている.実際,スコットランド法第28条7項は,権限移譲は「連合王国の議会がスコットランドに対する法律を制定する権限に影響を及ぼすものではない」ことを明記している.これは,ウェストミンスター議会がスコットランドに立法を課す潜在力があることを示している[3].このことは個別の法のみならずスコットランド議会と政府の枠組みを規定しているスコットランド法を改廃する権限もウェストミンスター議会に留保されていることを意味する.

しかしながら,現実問題として,住民投票を経て民主的正当性をもつ「領域」の議会と政府をウェストミンスター議会が一方的に改廃する事態は通常では考えられない(例外として,域内の紛争を解決するという非常時の対応として,北アイルランドの自治を停止し,国が直接統治を行ったケースがある).このように,スコットランドに対する権限移譲は,

---

3) Lynch, P., *Scottish Government and Politics: An Introduction*, Edinburgh, Edinburgh University Press, 2001, p. 19.

第2章　スコットランド議会・政府の活動と課題

憲法体制として連邦制を採用し，主権を分割して成り立っているわけではなく，あくまでも国会主権の国家としての枠組みに変更を及ぼしていない．ところが現実に下位の政府が民主的正当性を持った場合，国会主権の至高性は明確なものではなくなる[4]．法的権限を行使する形での国から「領域」の議会・政府に対する介入は政治的反発を生じることにもなるために，現実的には国は慎重な姿勢に止まらざるを得ない．

② 課税権

スコットランド議会がスコットランドの内政の大半に関する1次立法権を確立したのに対し，財政上の自主権はほとんど与えられていない．スコットランド議会・政府が活動するために必要な財政資源は，そのほとんどが全国政府からの配分によって充当されている．そして，その大半が一括交付金という形で配分される．さらに，スコットランド議会には起債権も与えられていない．一方，スコットランド議会・政府は全国政府から配分される交付金の使途に関してはこれを自由に決めることができる．

スコットランド議会には唯一，所得税を上下3%の範囲内で変更できる権限が与えられている．しかしながら，増税，あるいは減税のどちらを行使するに際しても大きな政治的な論争を引き起こすため，歴代の政権はこれを行使することに慎重であり，現在まで所得税率の変更は実行されていない．

なお，スコットランド議会・政府は，地方政府が徴収する地方税であるカウンシル・タックスの税率を抑制したり，地方政府が徴収したうえで交付される譲与税であるノン・ドメスティック・レイト（非住

---

4) Bogdanor, op. cit., Ch. 8.

居税)を統制することによって影響力を行使することが可能である[5]．

③ 選挙制度と内閣の形成

スコットランド議会は一院制で定数は129，小選挙区から選出される議員が73，8つの区域からそれぞれ7名，合計56名が比例代表制から選出される．スコットランド議会で採用されている比例代表制は，追加議席システム(Additional Member System)と呼ばれるものであり，小選挙区で議席を得られなかった政党が有利に議席を確保できる効果を持っている．これによって，すべてが小選挙区制である下院選挙の結果とは異なる様相を呈している．

スコットランドにおいて，ウェストミンスター議会の小選挙区制は労働党に極めて有利にはたらいている一方で，他党の議席確保を困難にしている．労働党は90年代後半以降，40%あまりの得票率で，70%あまりの議席を確保し続けている．これに対し，他党，特に保守党は得票率に対して極めてわずかの議席しか得られていない．

追加議席システムの比例代表制度によって，スコットランド議会は当初から多党制の政党システムとなり，ウェストミンスター議会とは異なる政党政治の勢力の構図があらわれている．これによって，スコットランド議会においてSNPと保守党が一定の議席数を確保することを可能にするとともに，スコットランド緑の党やスコットランド社会主義者党といった少数政党が議席を獲得することを可能にしている(図表2-1参照)．

こうした選挙制度によって，スコットランド議会に多様な社会勢力の意見が反映されるようになった一方，小選挙区制と追加議席型の比例代表制を組み合わせた選挙制度の下では，現実問題として，どの政

---

5) Keating, op. cit., pp. 35-36.

党も単独では絶対多数を確保できないという問題を生じさせた. すなわち, スコットランド議会は「ハング・パーラメント」が常態化している. それゆえ, 政権運営のためには連立政権の形成か, 少数与党かの選択を余儀なくされる.

④ 立法過程

スコットランド議会における立法は, 政府提出法案, 委員会提出法案, 議員提出法案の3つの方法に分類される. 政府提出法案の立法過程の概要を見ると, 以下のような手続きを経ている[6].

(i) 前立法段階(pre-legislative stage)――筆頭の委員会が, 法案に関する意見を外部から聴取する協議(consultation)のプロセスを確保するために監視する役割が与えられている.

(ii) 議長が, 法案の条文がスコットランド議会の権限の範囲内であるという声明文を出し, 法案にスコットランド政府の公文書(財政メモランダム, 政策メモランダム, 説明の注釈)が添えられる.

(iii) ステージ1――筆頭の委員会によって法案の基本方針が検討され, それが議会に報告される. 議会はそれを討議し, 法案の全体的な基本方針に関して投票を行う.

(iv) ステージ2――法案が筆頭の委員会に差し戻され, 1行ごとを基本とした修正を検討する. なお, 場合によっては, 全院委員会(the Committee of the Whole Parliament)において同様の修正プロセスを経る場合もある.

---

6) スコットランド議会の立法過程に関しては, McGarvey, N. and Cairney, P., *Scottish Politics: An Introduction*, Basingstoke, Palgrave Macmillan, 2008, pp. 93-95 および, Holden, H., *The UK Devolved Legislatures: Some Comparisons between their Powers and Work*, House of Commons Library, 2007, p. 14 を参照している.

	スコットランド								
	1999年5月			2003年5月			2007年5月		
	計	選挙区	地域ブロック	計	選挙区	地域ブロック	計	選挙区	地域ブロック
SNP	35	7 (28.7%)	28 (27.3%)	27	9 (23.8%)	18 (20.9%)	47	21 (32.9%)	26 (31.0%)
労働党	56	53 (38.8%)	3 (33.6%)	50	46 (34.9%)	4 (29.3%)	46	37 (32.2%)	9 (29.2%)
保守党	18	0 (15.6%)	18 (15.4%)	18	3 (16.5%)	15 (15.5%)	17	4 (16.6%)	13 (13.9%)
自由民主党	17	12 (14.2%)	5 (12.4%)	17	13 (15.1%)	4 (11.8%)	16	11 (16.2%)	5 (11.3%)
スコットランド緑の党	1		1 (3.6%)	7		7 (6.7%)	2	0 (0.2%)	2 (4.0%)
スコットランド社会主義者党	1	0 (1.0%)	1 (2.0%)	6	0 (6.2%)	6 (6.9%)	0	0 (0.0%)	0 (0.6%)
その他	1	1	0	4	2	2	1	0	1
計	129	73	56	129	73	56	129	73	56

(カッコ内は有効投票ベースの得票率)
(出典)若松邦弘「イギリス——地域における政治の創出」大島美穂編『EUスタ
の結果を加えるなど,一部加工をした.

図表2-1 スコットランドでの

(v)ステージ3——議会が,1行ごとを基本とした法案の検討を行い,修正する.そして法案の可否を討議し,投票する.可決された法案は最終的に国王の裁可(Royal Assent)を経て施行される.

こうしたスコットランド議会における立法過程の特徴として,委員会の果たす役割がしばしば強調される.スコットランド議会は,常設で専門化された委員会が比較的少人数で構成されており,委員長は政党の議席数の比率に応じて配分される.委員会審議は,最初と最後の本会議段階の前に行われ,法案を発議し,修正するとともに,参考人を招致したり政府に文書を要求する権能を持っている.アーター

議会選挙						総選挙				
2011年5月			2016年5月			1997年5月	2001年6月	2005年5月	2010年5月	2015年5月
計	選挙区	地域ブロック	計	選挙区	地域ブロック					
69	53 (45.4%)	16 (44.0%)	63	59 (46.5%)	4 (41.7%)	6 (22.0%)	5 (20.1%)	6 (17.7%)	6 (19.9%)	56 (50.0%)
37	15 (31.7%)	22 (26.3%)	24	3 (22.6%)	21 (19.1%)	56 (45.6%)	56 (43.9%)	41 (39.5%)	41 (42.0%)	1 (24.3%)
15	3 (13.9%)	12 (12.4%)	31	7 (22.0%)	24 (22.9%)	0 (17.5%)	1 (15.6%)	1 (15.8%)	1 (16.7%)	1 (14.9%)
5	2 (7.9%)	3 (5.2%)	5	4 (7.8%)	1 (5.2%)	10 (13.0%)	10 (16.3%)	11 (22.6%)	11 (18.9%)	1 (7.5%)
2	0 (0.0%)	2 (4.4%)	6	0 (0.6%)	6 (6.6%)	0 (0.1%)	0 (0.2%)	0 (1.1%)	0 (0.7%)	0 (1.3%)
0			0			0 (0.4%)	0 (3.1%)	0 (1.9%)	0 (0.1%)	
1	0	1	0	0	0	0	0	0	0	0
129	73	56	129	73	56	72	72	59	59	59

ディーズ3 国家・地域・民族』勁草書房, 2007, 59頁に2010年以降の選挙

各種選挙の結果(獲得議席数)

(Arter)によれば，スコットランドの委員会システムには，熟議的(本会議前の協議)，合理的(膨大な情報収集)，公開性(諸集団との接触)，合意志向という4つの特徴があると指摘される[7]．

しかしながら，一方でこうした委員会システムがどこまで実効的であり，また，実際の活動の結果がウェストミンスター型の政治と異なるのかを評価することは難しい．小規模の委員会では，多くの案件を短時間で処理しなければならないため，法案の数が多くなれば委員会の審議や法案への影響力を損なうことになるが，実際に1999年から

---

[7] McGarvey and Cairney, op. cit., pp. 97–99.

2003年までの第1期スコットランド議会に,このような事態が問題にされた.さらに,委員会運営および審議における政党政治の影響力の大きさが問題にされる.各党は割り振られた委員長のポスト,そして各委員を指名することによって影響力を行使するとともに,票決に際しても各党の方針に沿った投票行動が各委員に求められる.加えて,複数の委員会に所属している議員,そして司法委員会など法案が多い委員会の負担の重さが指摘されている.それゆえ,先に指摘した4つの特徴が,委員会における立法過程に顕著に現れているとは言い難い現実がある[8].

さらに,委員会制度とも関連し,スコットランド議会の公開性,参加の広がりを強調する制度として請願(petition)がある.スコットランド議会に対する請願は,スコットランド議会のウェブサイト上から誰もが電子申請ができることもあり,多くの申請がスコットランド議会に提出されている.申請された請願は,公共請願委員会(the Public Petition Committee)において審査された後,関係の委員会に付託される.こうした請願制度の整備によって,市民が直接,スコットランド議会と関わる機会を広げたと積極的に評価される.しかしながら,請願が新たな政策課題の設定,そして公共政策の決定に対して認識可能な違いを生じさせる事例はまれである[9].

このように,スコットランド議会はウェストミンスター議会とは異なる,開かれた,透明な政策決定プロセスを目指すなど,独自の立法府としての役割を果たそうとしている.数は多くはないが議員提出法案も審議される.しかしながら,法案作成に関する知識と立法活動に必要となる物的資源はスコットランド政府の側に圧倒的に多く集中しており,議会独自の立法や政府提出法案の修正は限定的なものに止ま

---

8) Ibid.
9) Ibid., pp. 233-235.

っている[10]．スコットランド議会の実践は，伝統的なウェストミンスター型の議会の役割を変えたと言うよりも，むしろ改善に向けた努力を積み重ねている途上にあるという評価が正当であろう．

(2) 内閣とスコットランド政府

スコットランドは議院内閣制を採用している．スコットランド議会が先ず，首相を選出し，選出された首相は内閣を形成し，政府を運営することになる．上述したように，スコットランド議会は追加議席システムの比例代表制と小選挙区制を併用した選挙制度を採用しているため，常に単独で絶対多数を確保する政党が出現しない「ハング・パーラメント」の状態が生じることから，連立政権，あるいは少数政権による政府の運営を余儀なくされる．実際，1999年から2007年までの2期8年は，労働党と自由民主党の連立政権によってスコットランド政府が運営された．両党の連立政権形成に際しての交渉は入念に行われ，労働党が自由民主党に譲歩する形でいくつかの特徴的な政策が実現している．実際，大学の授業料の無料化や，高齢者ケアの無料化，地方政府レベルにおける比例代表制の導入は，連立政権発足に際しての交渉において自由民主党が強く主張したものであった[11]．2007年には，SNPが多数党となったが，SNPの党是であるスコットランドの分離独立の方針が障害となり他党との連立に至らず，議院内閣制下においては極めて異例な少数政権として政府を運営している．

スコットランド政府の内閣は全国政府よりも規模が小さい．全国政府の閣僚が平均22-23名であるのに対し，1999年から2007年までの連立政権期は12名の閣僚と7名の副大臣であった．2007年に発足したSNP政権はこれをさらに縮小し，6名の閣僚と10名の副大臣とし

---

10) Ibid., pp. 104-107.
11) Ibid., pp. 120-123.

た．なお，首相が閣僚を選任する場合，議会の承認が必要となる．

一方，スコットランド政府の行政機構のほとんどは，旧スコットランド省から引き継がれたものであり，また，スコットランド政府職員の身分は依然として全国レベルの公務員制度(Home Civil Service)の下に置かれている．スコットランド法における権限の区分においても，公務員制度は留保権限に類別されている．そのことから，その行動様式にスコットランド省時代からの連続性とホワイトホールとの共通性が見られる．なお，スコットランド省が所掌しており権限移譲後も留保権限に類別された業務を行うために，ロンドンにスコットランド・オフィスが設置された．その後，スコットランド・オフィスは2003年に行われた行政改革によって，憲法問題担当省(Department for Constitutional Affairs)に統合された．

分権改革以前のスコットランド省時代の行政機構は，ウェストミンスターで全国を対象として制定された法律を執行することに業務の重点が置かれていた．ところが分権改革によってスコットランド議会が創設されてからは，独自に政策を形成する能力(policy capacity)が求められるようになった．しかしながら，こうした1999年の変化に際しても，行政機構が期待される政策立案能力を発揮するための人的，組織的資源が拡充されたわけではなく，従来の組織の下で求められる政策立案の業務を行わざるを得ない．ホワイトホールにおいては，首相を補佐するスタッフ，財務省，政策担当部局(Policy Unit)が政府内部での政策形成に対して果たす役割は大きいが，スコットランド政府内部の首相補佐スタッフ，財務省，政策担当部局の役割と影響力はロンドンのそれと比較すれば小さい．加えて，スコットランドでは，政府外部からの特別顧問の任命を政府全体で12名に限定しているという事情もある．

こうした違いもあり，外部からは，スコットランド政府が新たな時

代への変化に適応せず,旧来の官僚制組織の行動様式を惰性的に維持していると批判されることがある.こうした外的環境の変化や要求に対して,スコットランド政府は一方において,ホワイトホールとのつながりを通じて,全国レベルで形成,執行されている政策を参考にしてこれをスコットランドに導入しようとする.他方,政策形成に必要な情報を得るために,スコットランド行政に携わる官僚は,外部の利益集団,専門家,シンクタンク,大学らとの結びつきを重視し,彼(女)らとの協議,意思疎通を図ることによって政策共同体を形成し,スコットランド特有の政策スタイルを確立している[12].

(3) 「新しい政治」の理念と現実

スコットランド分権改革を求める運動は1980年代後半より市民レベルにおいて広がりを見せたが,その過程でスコットランド憲政会議は大きな役割を果たした.その目標は新たな議会の創設にあったが,これは「民主主義の赤字」を解決しスコットランドという「領域」における自己決定権を確立するためだけではなく,旧来のウェストミンスター型の政治から決別し,より広範な参加を目指し,より創造的であり,不必要な対立を避け合意志向である「新しい政治」を目指しており,分権運動のキャンペーンにおいても強調されていた.こうした考えはその後,スコットランド議会を創設する際に設置された超党派グループにも引き継がれ,同グループがまとめた報告書にも色濃く反映されていた.そこでは,比例代表制,合意形成スタイルの政治,権力の共有,委員会の強力な役割,議会を通じた政府と市民社会との密接なつながりの強化,議員の選挙区活動のための時間の保証,候補者選考における平等の強化が謳われており,これらの要素の大半は,実

---

12) Ibid., Ch. 6; Keating, op. cit., pp. 118–125.

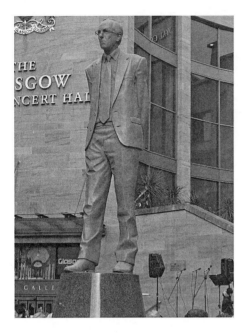

初代首相ドナルド・ジュワーの銅像

際のスコットランド議会を創設する際に反映された[13]。

　それではこのような理念を持った「新しい政治」はどの程度まで体現されたのであろうか．社会の多様な利害を反映することが期待されていたスコットランド議会議員の社会的構成を見ると，女性議員の比率が飛躍的に高まった一方で，中間層である専門職出身者が多く，多様なバックグラウンドを持った議員が多いわけではない．また，市民参加を拡大する試みも実践され，スコットランド・シビック・フォーラムが市民社会団体や市民の政治参加を促したり，市民とスコットランド政府との間を媒介する役割を講じたが，顕著な変化はあらわれな

---

13) McGarvey and Cairney, op. cit., pp. 11-12.

かった．加えて，上述したように新しい試みとして請願が活用されているが，新たな政策の立案過程へと発展することはまれである．一方，利益集団は，ロビー活動を政策決定の場であるスコットランド議会・政府にシフトさせたのみならず，通常の対話，実質的な討議，議員や官僚との面会の取り付けを享受している．議会の役割について見ても，スコットランド議会はウェストミンスター議会と異なる役割を実践しているというよりもむしろ，委員会をはじめとした制度が伝統的な審議活動を改善したと評価できる[14]．

一方，「新しい政治」の理念，運動については，政治学において批判的な検討が行われている．「新しい政治」に対して当初より批判的であったジョーダン(Jordan)とスティーブンソン(Stevenson)は，過度に広範な市民社会団体から意見を募り，これを反映させることを強調することは，非現実な期待を煽ることとなり，これが結果的に「新しい政治」が目指しているより開かれた参加型のデモクラシー，さらには従来型の代表デモクラシーを損なう恐れがあると指摘した[15]．

一方，ミッチェルは，議会設置を求める分権運動に際して，スコットランド議会に移譲されていない権限の分野の政策までもが実現できるという，政策能力と市民の期待とのギャップ(capability-expectation gap)が顕在化したことを問題点として取り上げている．ミッチェルによれば，分権改革に対する受け止め方がエリート層と大衆との間に相違があり，エリート層は分権改革をプロセス，すなわち，公開性，デモクラシー，参加を改善するものとしてとらえていたのに対し，大衆は分権改革の成果として，スコットランドの公共の福祉の質を改善す

---

14) Ibid., Ch. 11, 12.
15) Jordan, G. and Stevenson, L., "Redemocratizing Scotland: Towards the Politics of Disappointment?", Wright, A. ed., *Scotland: The Challenge of Devolution*, Aldershot, Ashgate, 2000.

ること,換言すれば公共サービスの提供という「現実的な」政治に関心があったという.そして住民投票に向けた運動の中で高まった政策能力と市民の期待とのギャップがメディアによって助長されたと指摘した[16].この点に関しキーティングは,こうした背景には,保守党政権に対する圧倒的な反対勢力という前提の下で 1990 年代のスコットランド政治において何らかの幻想的な合意が存在していたと指摘している[17].

さらに,マックガービイ(McGarvey)とキャーニ(Cairney)は,政党政治の役割の重要性を指摘しつつ,先ず,スコットランド憲政会議と超党派グループが提唱した「新しい政治」の前提となる「旧いウェストミンスター型の政治」との対比の構図に問題があったと批判する.すなわち,ウェストミンスター型の政治も閉鎖的,一方的なスタイルではなく,多くの集団と政府との関係は開かれたものであり,また,小選挙区制度は投票の移動の影響が誇張される傾向にあることから,与党を比例代表制下の連立政権よりも世論に敏感にさせることが指摘される[18].また,スコットランド憲政会議と超党派グループの目標は経験を欠き,政党の役割や規模の大きい利益集団との協議など政治の現実に対する十分な注意が払われていないと批判される.そして,分権改革の創造者はすべての人々にすべてのものを提供しようとし,さらに,多くの夢や希望には相互に一致しない要素が含まれていると指摘される[19].

ところで,1999 年よりはじまったスコットランド政治に対するス

---

16) Mitchell, J., "Scotland: Expectations, Policy Types and Devolution", Trench, A. ed., *Has Devolution Made a Difference?: The State of the Nations 2004*, Exeter, Imprint Academic, 2004.
17) Keating, op. cit., p. 31.
18) McGarvey and Cairney, op. cit., pp. 13-16.
19) Ibid., pp. 224-225, 247-249.

コットランド市民による評価を世論調査の結果を通じてみれば，以下のような特徴が明らかになる．スコットランド議会が2005年に調査会社を通じて行った世論調査によれば，41%の市民がスコットランド議会はスコットランドのために役立っているとの肯定的な評価をした（どちらでもない，が35%，否定的評価が19%）．そして約半数の回答者は，分権改革以降，スコットランドの政府がより開かれ，近づきやすくなったと信じている．その一方，61%の人々がスコットランド議会の活動に改善の必要があると考えており，また，48%の人々がスコットランド議会により多くの権限を移譲すべきであると回答している[20]．同様の傾向はBBCスコットランドが2009年，分権改革10周年を機に行った世論調査においてもあらわれている．この調査結果によれば，41%のスコットランド市民が分権改革を肯定的に評価している（変化なし，との回答が46%，否定的評価が9%）．そして，62%が所得税に関するスコットランドの決定権をスコットランド政府が行使すべきとも回答している[21]．

なお，スコットランド議会選挙の投票率は，1999年が約59%であったが，2003年，2007年ともに約50%前後で推移している．これに対して1990年代後半から2000年代に行われたウェストミンスター議会の選挙は，これをほぼ10%上回る投票率で推移している．

こうした動向を含めて考えられるのは，多くの市民の態度が1999年以降，スコットランド分権改革に対する期待と可能性を冷静にとらえようと変化しており，その役割を現実的に評価しようとする姿勢をとるようになったことがうかがえる．ミッチェルが指摘するように，97年の住民投票に際して拡大したスコットランド議会・政府の政策

---

20) Herbert, S., *Attitudes to the Scottish Parliament and Devolution*（*SPICe Briefing*），The Scottish Parliament, 2006.
21) BBC, 2009. 06. 28, 2009. 06. 29.

能力と市民の期待とのギャップはその後,減少するようになった.この過程で市民の間に分権改革に対する幻滅が生じたことも事実である.しかしながら,多くの市民がスコットランド議会を廃止し,分権改革以前の政治体制に回帰することを望んでいるわけではない[22].こうした動向は先の各種世論調査によってもあらわれている.

スコットランド議会は,恒常的に華々しい政治的成果や関心を集めたり,ウェストミンスター議会を凌駕する存在になったわけではない.しかしながら,次第にスコットランド市民の信頼を得ながら定着している.それとともに,更なる行財政権限の移譲を進める方向で自治権を強化し,いっそうの独自性を追求する方向性,あるいはスコットランドの連合王国からの分離独立という選択肢もあり得る.「領域」における自己決定権をどのように強化するかに関しては,さまざまな可能性を持ち続けている.

2 スコットランドの公共政策

分権改革によるスコットランド政治の意義を評価する際,スコットランド議会の活動のみならず,議会活動の成果としてどの程度独自性を持った法律が制定されているかを考察することも必要である.そこで以下,従来のウェストミンスター議会では成しえなかった法律がどの程度制定されたのか,そして,イングランドとスコットランドとの間にどの程度,公共政策の内容に関して相違があらわれているのかを検討することによって,「領域」において立法権を持つことの妥当性を検証する.

---

22) Mitchell, 2004, op. cit.

第 2 章　スコットランド議会・政府の活動と課題

(1) 公共政策の同化(convergence)と分化(divergence)

スコットランド議会において 1999 年から 2003 年までの期間に 61 の法律が，2003 年から 2007 年までの期間には 66 の法律が制定された．これらの法律すべてがイングランドとは異なる政策を実行するためのものであるわけではない．スコットランド議会・政府が作成・決定する公共政策がイングランドの公共政策と分化するのか，あるいは同化するのかに関しては，どちらの方向にせよ，以下のようにさまざまな要因を指摘することができる．

先ず，スコットランドとイングランドとの間で政策内容の分化が生じる背景としては，以下のような要因が明らかにされる[23]．第一に，スコットランドとイングランドとの間で社会的態度に若干の相違が存在し，社会保障に関して左派的な選好を示す傾向がある．第二に，政権党の相違，政党間競争の構図の相違がある．すなわち，1999 年からの 8 年間，スコットランドの労働党は自由民主党との連立政権を形成する過程で，自由民主党が主張する政策を受け入れざるを得なかった．また，スコットランド政治では中道左派の諸政党による競争が見られる一方，ウェストミンスター議会では労働党が中道右派の保守党と競争するという対照的な政党政治の構図がある．第三に，歴代のスコットランドの首相は，分権改革の価値を正当化し，自身の地位を強固にするために，スコットランド政府の政策を際立たせる必要を意識していた．第四に，スコットランドでは公共セクターの専門家が政策形成に際して大きな役割を果たしているかもしれない．第五として，経済構造や経済界の価値が異なっている．第六に，教育など現在の行政制度に基づく出発点が異なる多くの立法があり，そのことがいっそうの相違を生じさせる．第七に，スコットランド議会の委員会，政府

---

23)　以下の説明は，McGarvey and Cairney, op. cit., pp. 96, 202-203 による．

と利益集団との密接な接触など,スコットランドの政策過程とスタイルが異なっていることによると考えられる.以上のような要因により,スコットランドの公共政策はイングランドのそれと分化するであろうと考えられうる.

一方,同様に公共政策が分化しないであろう説得力のある理由も指摘されている[24].第一に,中央の財務省による公共支出の制約と起債の統制がスコットランドの政策刷新を制限しているかもしれない.第二に,争点が部局の管轄を越えるかまたは税や手当のシステムを含む場合,留保権限と移譲権限の間には政策の刷新を難しくさせる複雑な関係がある.第三に,考慮すべき全国大の単一的な経済市場がある.第四に,1999年から2007年まで,スコットランドとイングランドにおいて同一の政党,すなわち労働党が政権党であった.政党そして閣僚の結びつきは一定の共通した目標と,分化と関連した政治的な困惑を回避する必要性を確実なものとする.これは,全国規模の公務員制度によってさらに促進される.第五として,スコットランドとイングランドの双方が,その多くが全国規模の団体に所属している専門家を共有している.さらに,多くの利益集団とシンクタンクも全国を基盤として活動し,双方の区域で一貫したロビー活動を続けている.第六に,政策形成の漸進的性質により,政府は突然には変えられない事業を引き継いでいるので,大掛かりな政策を抜本的に変化させることは極めて例外的である.最後に第七として,スコットランドとイングランドはさまざまな類似した政策の条件や問題点を共有している.

以上の要因から,スコットランドにおいて形成される公共政策がイングランドのそれと分化することには限界があると指摘される.

---

24) Ibid., pp. 203-204.

第 2 章　スコットランド議会・政府の活動と課題

(2)　公共政策の実際

「領域」に関する大半の政策分野に関わる権限が移譲され，立法権をもつ独自の議会が設置され，「新しい政治」を実践することが期待されたスコットランドにおいて，公共政策はイングランドと比較してどれほど異なったものとなったのであろうか．結論として，イングランドと対比して公共政策の内容に相違が生じることが予想されたものの，現実には2つの「領域」における差異は限定的なものに止まっている．スコットランド独自のいくつかの重要な政策がある一方で，大半の立法はイングランドと変わらないのが実態であると指摘される．

スコットランド議会において制定された法律は，その性質によって以下のように類別することができる．第一に，イングランドでは実施されていないスコットランド独自の立法である．これには，スコットランド政府が重要な政策として導入したものもあれば，当たり障りのない通常業務的な法案や時代遅れの政策を廃止するための法案も含まれる．一方，スコットランド議会の成果としてしばしば強調される前者の事例として，高齢者ケアの無料化，大学の授業料の廃止，基礎自治体であるカウンシル議員選挙への比例代表制の導入などがある．

その中でもスコットランド分権改革の成果の象徴として言及されることの多い高齢者ケアの無料化は，もともと全国政府において検討されており，政府より委任されたサザーランド委員会が1999年，最終報告書において高齢者ケアの無料化を実施することを勧告した．ところがブレア労働党政権はこの勧告を拒否し，全国レベルでの実現は見送られた．一方，労働党と自由民主党の連立政権であったスコットランド政府は，ヘンリー・マックリーシュ首相がその実現に強い関心を持っており，また，連立政権のパートナーであった自由民主党も積極的な姿勢を示していた．一方，高齢者ケア無料化政策を要求する動向がイングランドに波及することを恐れたブレア労働党政権は，スコッ

トランド政府に対してインフォーマルな形で同政策の実現を断念させるよう非公式に圧力をかけた．最終的に，高齢者ケア無料化政策はスコットランド議会で可決され，2002 年より実施された[25]．

第二に，制定当初はスコットランド独自の立法であったが，その後ウェストミンスター議会でも立法化され，結果としては全国で同一の政策となったものがある．これには，公共空間での喫煙を禁じた禁煙法，キツネ狩りの禁止などがある．後に検討するように，通常の政策形成においてはホワイトホールにおける動向がスコットランドに影響を与えるパターンが一般的であるのに対し，禁煙法で見られたようにスコットランドの立法が先進的な役割を果たし，全国に波及した事例はまれである[26]．

第三に，イングランドと同一分野の政策であるが独自性を強調するために制定される法律がある．2009 年に制定された気候変動対策法では，全国政府よりも厳しい温室効果ガスの削減を目指し，2020 年までに少なくとも 42%，2050 年には 80% 削減する目標を設定した．これを達成するために，スコットランド政府は化石燃料の減少と自然再生エネルギー利用の促進を重点的に行い，自然再生エネルギーの供給比率を 2020 年までに 50% とするとしている[27]．

このようなスコットランド政府独自の環境政策の追求はスコットランドが持つ移譲権限の枠内に収まるものではなく，個々の政策の遂行

---

25) Simeon, R., "Free Personal Care: Policy Divergence and Social Citizenship", Hazell, R. ed., *The State of Nations 2003: The Third Year of Devolution in the United Kingdom*, Imprint Academic, 2003; McGarvey and Cairney, op. cit., pp. 101, 205.

26) Cairney, P., "Using Devolution to Set the Agenda?: Venue Shift and the Smoking Ban in Scotland", *British Journal of Politics and International Relations*, vol. 9, no. 1, 2007; McGarvey and Cairney, op. cit., pp. 96, 207-208.

27) Wright, K., *Climate Change (Scotland) Bill: Stage 3 (SPICe Briefing)*, The Scottish Parliament, 2009.

第 2 章　スコットランド議会・政府の活動と課題

に際して全国政府との調整が生じる場合もあり，EU をはじめとした国際的な協議の場での決定事項にも制約される．スコットランド法に基づく区分によれば，電力，石油，ガス，石炭，原子力に関するエネルギー政策は全国政府の留保権限であるが，自然再生エネルギーは明確に位置づけられていない．

　温室効果ガス削減を達成するために自然再生エネルギーの開発・促進は鍵となる重要な政策であるが，そのための奨励策は全国政府，スコットランド政府の双方がそれぞれ行っている．一方，自然再生エネルギーの中で最も有力視されている風力発電開発を進める際，現在では洋上における立地が盛んに進められている．ところが，洋上立地の場である大陸棚の開発利用は全国政府の留保権限であり，スコットランド政府は全国政府との調整を必要とする．一方，現在，SNP 政権のスコットランド政府が自然再生エネルギーの開発に積極的である背景には，SNP の脱原子力政策がある．ところが，原子力発電所の立地に関する権限は全国政府の留保権限であり，スコットランド政府は関与することができない．これに対して，スコットランド政府は，移譲権限である土地利用規制に関する権限を行使することによって，原子力発電所の立地に対抗するとの考え方を持っている．このように，スコットランド政府・議会が独自性を追求する際には，全国政府や EU との調整が不可避となる[28]．

　最後に第四として，スコットランドに権限が移譲されており独自の立法が可能であるが，イングランドと同じ内容の政策を追求するものがある．こうした対応のひとつの方策として，前章で言及したようにスーウル・モーション (Sewel Motion) と称される手続き (正式には，Legislative Consent Motion) がある．これは，移譲権限に関わる立法をウェ

---

28)　Keating, op. cit., p. 152.

スコットランド議会本会議場

ストミンスター議会が行うことに対して，スコットランド議会が同意を与えるものである．

スーウル・モーションを利用することは，スコットランドの議会が持っている立法権の放棄につながるとする批判がしばしば展開される．ところが実際のスーウル・モーションを検証した研究によれば，スコットランド議会における立法作業の労力を節約するための便宜から適用される場合，移譲権限と留保権限の区別が明確でない法と秩序や規制に関する抜け道を回避するための画一性を確保する場合，そして，全国レベルの規制団体や全国を対象とした事項に関するものなどさまざまな行政上の理由から適用される場合があることが明らかにされている．それゆえ，スコットランド議会の立法権を自らが放棄したり，ウェストミンスター議会がスコットランド議会に政策を押し付けるた

めに適用される事態はほとんどないという[29]．ただし，スコットランド政府が，論争を巻き起こす法案への批判をウェストミンスター議会に引き受けさせるための政治的な便宜の理由から，スーウル・モーションが利用されることが指摘されている[30]．

(3) 独自性を制約する政治・行政的要因

上述したように，多くの予想と期待を集めたスコットランド議会・政府の立法活動であったが，その独自性の発揮は限定的なものに止まっている．

① 政府間関係から生じるギャップ(an implementation gap)

これを先に言及した高齢者ケアの無料化に関してみれば，全国政府，スコットランド政府，地方政府の政府間関係の相互作用の中で，公共政策を政策形成段階の目標どおりに執行することの困難が明らかになる．キァーニは以下のように，これを政策執行過程に生じるギャップ(an implementation gap)として説明している．

ところで，この高齢者ケアの無料化サービスは，あらゆるケア・サービスを無限に提供するわけではない．2002年の発足当初であれば，一人当たり145ポンドを上限に個人のケアを行うとともに，追加的に65ポンドの看護ケアを受けることができることになっていた[31]．具体的には，対象となる65歳以上の高齢者に対して，食事の準備，洗濯，着替えなどのサービスを提供する．

---

29) Keating, M., Stevenson, L., Cairney, P., and Taylor, K., "Does Devolution Make a Difference?: Legislative Output and Policy Divergence in Scotland", *The Journal of Legislative Studies*, vol. 9, no. 3.
30) Keating, op. cit., p. 132.
31) Simeon, R., 2003, p. 220.

先に言及したように，高齢者ケアの無料化に関しては，全国政府がサザーランド委員会報告の実施を見送ったことから，スコットランド政府・議会との見解の相違が生じていた．そして，ブレア労働党政権は，インフォーマルな形でスコットランド政府に対して導入を断念するように圧力をかけた．最終的に2002年に法案が可決され実施されたが，同サービスの実施に際して，全国政府とスコットランド政府との間に新たな争点が発生した．全国政府の労働・年金省(the Department of Work and Pension)は2002年以前まで現金給付の形として行っていた付添手当(attendance allowance)の給付を打ち切った．労働・年金省の規則によれば，もしも別な財源によって受給者のケアの費用が支払われるのであれば付添手当の受給資格を失うとされている[32]．これによって，スコットランドがイングランドと比較して特段の高水準のケア・サービスが提供されているわけではなくなった．

　また，当該政策がスコットランド政府によって形成，決定されたとしても，高齢者に対してケア・サービスを直接，執行するのは地方政府である．ところが，法案の可決から政策の執行までの間に十分な時間がなかったことから，ケア・サービスの内容に関する詳細な検討を欠いたため，政策の執行段階において何をもって「無料」とするのかが問題となった．スコットランド監査院(Audit Scotland)は，2008年に当該政策を全面的に検討，さまざまな問題点を指摘し，その改善すべき点をスコットランド政府に勧告した．その中では，例えば，地方政府によって食事の準備を無料のケア・サービスに含めるか，含めずに有料サービスとするかなどの対応が分かれていることや，無料ケア・サービスを提供するための人員やケア・ホームなどの資源を欠いた地方政府がサービスを受ける人々の順番待ち制を導入していること

---

32) Simeon, R., 2003, p. 219.

など,地方政府レベルでの政策執行段階でさまざまな問題が生じていることを指摘した[33]．

このように,スコットランド政府・議会が独自性を打ち出した公共政策であっても,全国政府,スコットランド政府,地方政府の政府間関係の相互作用の中で,政策形成段階の目標どおりに政策が執行されることが保証されるわけではない現実が明らかにされた．

② 少数与党の限界

また,2007年スコットランド議会選挙の結果,SNPが政権党となったことによって,独自性を強めた新しい公共政策が実施されるのではないかと期待された．ところが,いかに多くの世論の支持を集めようとも,議院内閣制下の少数与党という構造的制約の下では,独自政策の実現はいっそう困難なものとなる．SNPは,選挙時のマニフェストにおいて,地方税制改革(地方政府の独自財源であり家屋に課税されているカウンシル・タックスを廃止し所得に対して課税をする地方所得税を導入),医療サービスにおける患者の権利の保証(待ち時間の短縮),大学生の就学に際して生じる負債軽減,小学校の低学年クラスの少人数化,中小事業者に対する非住居税の減免,アルコールの店頭での安売り禁止などを訴えていた．こうした政権公約を実現するために,SNP政権は,議会において各党との折衝を通じて,合意形成を図りながらこれらの政策を進めてゆかなければならない状況にあった．実際,大学生の負債軽減,中小事業者の非住居税の減免,フォース大橋の通行料無料化などは,実現し,他方でSNPが消極的であったエディンバラ市内の路面電車敷設を容認するなど,各党との妥協によって実現したものもある．しかしながら,地方税制改革やアルコール規制法案な

---

33) Audit Scotland, *A review of free personal and nursing care*, 2008.

ど,各党の立場の違いが大きく合意形成が困難な政策は実現していない.さらに,SNP は党是である連合王国からの分離独立を問う住民投票を 2010 年秋に実施する予定であったが,根拠となる住民投票法案が議会で可決される見通しが立たないために,SNP 政権は法案の提出を断念した.このように,議院内閣制下の少数与党という状況の下,ナショナリストが初めて政権を掌握した意義,公共政策の変化は限定的なものに止まっているのが現状である.

3 スコットランド政府と全国政府との関係

先に検討したように,スコットランド政府と全国政府の権限は,スコットランド法において,中央に留保する権限を列挙することによって明確に分けられている.しかしながら,そのことはそれぞれの政府が,無関係に政策を形成し,執行することを常態化しているわけではない.明瞭ではない政策分野の権限に関する調整の必要性が生じるし,それぞれの政府において形成される政策に対して,それぞれの利害や意向を反映させることもある.また,両政府間において,見解の相違,利害対立が生じた場合の紛争解決の手続きも必要となる.スコットランドとロンドンとの政府間における利害調整,紛争解決のための制度は,以下に説明するように一応は整備されている.また,権限が移譲されているからといっても法的な次元での最終的な意思決定権は依然として全国政府にある.しかしながら,こうした公式の制度はあまり活用されていない.むしろ,非公式的な意思疎通を通じた形での利害調整と合意形成を図ろうとする傾向が強い.

(1) 合意形成と紛争解決の公式的手続き
スコットランドとロンドンの両政府の行動を導くための枠組みを

第2章　スコットランド議会・政府の活動と課題

設定するために，相互了解のメモランダム(the Memorandum of Understanding)が制定される．このメモランダムは，合同閣僚委員会の運用の概要やヨーロッパに関する政策，産業に対する財政支援，国際関係，統計などに関する調整を対象としている．また，特定の政策分野に関して全国政府とスコットランド政府との間の約束を設定する合意事項である協定(concordats)が制定されることもある．メモランダムは，法的に拘束力のある合意として解釈されるべきではない政治的な意図の表明として，そして道義的にのみ拘束するものとして説明される．協定も法に基づいて，あるいは議会の承認に従って制定されるものではないと位置づけられている[34]．権限移譲後の政府間関係においては，このようなメモランダムや協定を制定することによって，スコットランドとロンドンの政府が行政上の合意を公式的に形成することが予定されている．なお，メモランダムと協定は，スコットランドのみではなく，全国政府とウェールズ，北アイルランド政府との間でも制定される．

また，政府間の合意形成と紛争解決のための制度として，合同閣僚委員会(the Joint Ministerial Committee)がある．合同閣僚委員会は，全国政府，スコットランド，ウェールズ，北アイルランドの各政府の関係閣僚が集合し，留保権限と移譲権限に関する合意形成を図ったり，あるいは紛争を解決する役割を持った合議機関である．これは，全国政府の首相によって主宰される全体会と，全国政府の関係大臣によって主宰される会議がある[35]．

さらに，両政府間における紛争解決の最終的な裁定機関として，枢密院司法委員会(the Judicial Committee of the Privy Council)が設置され

---

34) Bowers, P., *Concordats and Devolution Guidance Notes(Standard Note)*, House of Commons Library, 2005, pp. 2-3.
35) Ibid.

ていたが，2009年に連合王国最高裁判所(the UK Supreme Court)に置き換わった[36]．

(2) 非公式的な調整による現実の政府間関係

このように，全国政府とスコットランド政府との間において合意形成，そして紛争解決のための制度が整備されているが，これらの手法はあまり活用されていないのが実態である．協定を制定するよりも，両政府はインフォーマルにはたらく方法を選好している[37]．合同閣僚委員会も，紛争解決のためには開催されておらず，また，両者の対立が枢密院司法委員会，――2009年以降は連合王国最高裁判所――に持ち込まれておらず，公式的な制度によって，顕在化された形で対立を解消しようとする対応は，スコットランドの側からも，ロンドンの側からも回避するようにはたらいている．さらに，政府間の合意形成の目的に関しても，合同閣僚委員会が開催されることはまれであり，例外的にヨーロッパ政策に関する会合がしばしば開催されていた．それではなぜ，合同閣僚委員会をはじめとする公式的な制度が利用されないのであろうか．

マックガービイとキャーニは，以下のように積極的理由と消極的理由を説明している[38]．積極的理由としては，両政府を満足させると思われる説明として，バーネット・フォーミュラを利用してスコットランドの財政支出を自動的に決定すること，両政府の官僚による結びつきの存在，1999年から2007年まで両政府の与党が労働党であった政治的要因が指摘される．特に，両政府の閣僚間の個人的な関係に基づいた結びつきが重要であり，政党を通じたインフォーマルな政府間関

---

36) Keating, op. cit., p. 152.
37) Ibid., p. 147.
38) McGarvey and Cairney, op. cit., p. 167.

係の活用は，政治的な当惑を回避し，統一した体面をあらわすための願望を反映している．その意味で合同閣僚委員会があまり開催されなかったことは，両政府間の処置がうまくはたらいていたことを示していたといえる．

他方，消極的理由としては，非対称的な権限に基づいた不完全な政府間関係に言及している[39]．すなわち，公式的な政府間関係の構造とその利用の頻発は，政府間の合意に基づくよりも全国政府の優越になるかもしれない．さらに，合同閣僚委員会が活用されなかったことは，全国政府の首相，政治家，ホワイトホールの官僚らのスコットランドに対する無関心と無視という傾向を示しているという．

このように，積極的，消極的双方の理由から，公式的制度が活用されない事情が説明され，非公式的な形での利害調整，合意形成が志向される．

(3) 今後の行方──カルマン委員会の勧告にもとづくいっそうの権限移譲

全国政府はスコットランド分権改革10周年を機に，分権の成果と今後の課題を検討するための委員会を設置し，この委員会(委員長の名前に由来し，カルマン委員会と呼ばれる)は2009年6月に最終報告を発表した．カルマン委員会は先ず基本的な立場として，連合王国の下でスコットランド分権改革が定着し，成果をあげてきた10年間の実績を積極的に評価している．すなわち，イングランドに吸収されるのでは

---

39) この点に関しTrenchも，全国政府に組織的資源や情報資源をはじめとした物質的，実践的資源，利用可能な官僚や政治家の多さにおいて，「領域」の政府に対する優越性を指摘している．Trench, A., "Washing dirty linen in private: the processes of intergovernmental relations and the resolution of disputes", Trench, A. ed., *Devolution and Power in the United Kingdom*, Manchester, Manchester University Press, 2007.

なく，また，全国の経済的社会的生活の本流から逸脱するのでもなく，スコットランド政府が連合王国の憲法体制の中に，そしてスコットランド市民の意識の中に定着していることを高く評価した．そして，委員会報告の特質は，ユニオンという表現を使いながら，分権改革が，3つの次元のユニオンの中に適合していることを強調している点にある．これは第一に，政治的ユニオン(a political Union)の次元であり，ウェストミンスター議会とスコットランド議会がそれぞれの権限を扱いながら協調関係を構築していることを評価している．第二に，経済的ユニオン(an economic Union)の次元であり，統合された経済体制とともに，そして常時その内部で財やサービスが提供される．第三に，社会的ユニオン(a social Union)の次元であり，実質的に同一であるべき一定の社会権があるとされる．そして，委員会報告の第一番目の勧告として，スコットランド議会とウェストミンスター議会は社会的ユニオンを構成する共通の社会権の要素とともに，それに伴う責任に合意することを確定すべきであることを表明している．

　一方，スコットランドに対するいっそうの権限移譲の方策として，先ず，スコットランドの財政自主権を強めるために，国税である所得税を10％削減し，その分の課税権をスコットランドに与える勧告を行った(同時に相当額の交付金を削減する)．加えて，印紙税，岩石・砂採取税，ごみの埋め立て税，航空税の移譲，資金借入権限の移譲を勧告した．また，権限移譲に関しては，スコットランド議会に関する選挙管理権限，チャリティの規制に関する法律の簡素化，エアガンの規制，自動車のスピード規制，飲酒運転の取締り，海洋の自然保護に関する移譲も勧告された．

　さらに，スコットランドとロンドンとの政府間の協調を強化するために，ウェストミンスター議会が両院の議事規則において確立することによってスーウル・モーションを強化すべきであり，また，定期的

なスコットランドに関する事項の討論を確立すべきであると勧告している．さらに，両議会が，立法の同意を与える提議に関する詳細な意思疎通を行うべきであることも指摘された．

以上のように，カルマン委員会では，スコットランド分権改革に関する相当広範な課題についての検討が行われた．ただし，その基本的な姿勢は現行の連合王国の枠組みを維持するユニオニストの立場にあり，また，改革の成果を積極的に評価するものであったことから，現状に対する批判や現行制度を抜本的に変更するような勧告は行われなかった．例えば，財政資源配分に関してスコットランド以外から問題提起されるバーネット・フォーミュラもこれを維持する立場であり，また，ウェスト・ロジアン問題に対しての対応策も示されることはなかった．仮に，委員会報告で勧告されたすべての事項が実現したとしても，ロンドンとスコットランドの政府間関係を抜本的に改革することにはならないだろう．

おわりに

本章では，1次立法権を移譲された，新しい選挙制度を導入したスコットランド議会がどれほどウェストミンスター議会による政治と異なる活動を実践しているのかを検討した．そこでは，スコットランド政治の独自性は分権改革の当初期待されたものよりも大きくないことが明らかにされた．その理由として先ず，分権改革によっても変わらない政治・行政体制の連続性がある．特に公共政策の形成に大きく関わる財政制度，公務員制度など全国レベルでの一体性を確保する制度が継続している．また，スコットランド政府・議会が独自の政策を形成するための人的，情報的，組織的資源に関わる能力に限界がある．こうした中，スコットランド政府は独自の公共政策を形成し実行する

際に，これを単独で完結した形で行うことは限界があり，さまざまな形で全国政府や地方政府との相互作用の中で政策を実行せざるを得ない．最後に，スコットランド政府が，全国政府の動向と同調する姿勢も維持していることにも留意する必要がある．これは決して自治権の自己規制ではなく，連合王国という一国の中での法律の制定，経済活動の円滑化などの要因から発せられるものもある．他方，1999 年から 2007 年までは，両政府の与党が労働党であったという事情から，より協調的な姿勢が見られた．

　スコットランド政治の独自性は，それ以前と比べて劇的な変化を生じさせたというより漸進的な発展の積み重ねであるといえる．しかしながら，独自の議会が設置されたことによって自己決定権を行使できる意義は極めて大きい．スコットランド議会は，スコットランド市民に着実に定着し，政治制度としての安定性を保持している．

第 3 章
さまざまな公共政策執行の担い手

　前章で検討したように権限を移譲されたスコットランド議会・政府は多くの法律，そして予算を制定しているが，そのほとんどはスコットランド政府以外の機関や団体によって執行されている．すなわち，大半の行政サービスは基礎自治体である地方政府によって，あるいはNHS(National Health Service)をはじめとする公的な機関によって提供される．また，多くの規制政策もこれら下位団体によって執行される．これをスコットランド政府による予算の配分を通じてみれば，図表3-1のように，医療保健サービスを提供するNHS，そして地方政府のそれぞれが約3割の予算を執行しているほか，NDPBs(Non Departmental Public Bodies)とよばれる非省庁型公共機関，スコットランド政府の現業を担うエージェンシー(agency)などを通じて執行されており，スコットランド政府自体が執行する予算の割合は15％と極めて低い．このように，政策執行の担い手は多様化しているとともに，スコットランド政府・議会は執行をこれらの機関や団体に任せざるを得ない状況にある．それゆえ，これらの下位団体に自律性を認め，公共政策の有効的，効率的な執行を委ねる．こうした構図は，「ガバメント」から「ガバナンス」への変化としても表現される．すなわち，公共政策は，一元的な階統制の行政機構から一方的に執行されるのではなく，さまざまな機関や団体との連携，調整を通じて，多様な担い手によって行われる状態として理解される．

　スコットランド政府と地方政府との関係についてみれば，連合王国

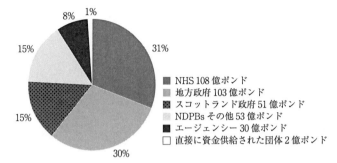

Note: The figures above include DEL and AME. NHS bodies' budget includes income received from National Insurance Contributions.
Source: Audit Scotland from *Scotland's Budget Documents 2009/10: Budget(Scotland)Bill Supporting Document*, Scottish Government, January 2009.
(出典) Audit Scotland, Scotland's public finances, 2009, p. 17.

図表 3-1　2009 年度のスコットランド政府の予算とその配分先 (347 億ポンド)

の中央地方関係は，中央政府が法的，財政的権限を保持し地方政府に優越する地位にある一方で，公共政策の執行を地方政府に依存せざるをえない相互依存関係にあることは広く知られている．さらに，地方政府は民主的正当性を付与されている政体であり，中央政府もこれらの役割を尊重せざるを得ない．スコットランドにおいても，スコットランド政府と地方政府との間にはこうした相互依存関係が成り立っている．

ところが，他方でスコットランド政府・議会は，政策の実効性を確保するために，また，自らの説明責任を果たすために，下位団体を統制する必要性に迫られる．こうしたことから，スコットランド政府と地方政府との間においては，対立が生じることもある．

本章では，スコットランド議会・政府が形成，決定した政策を執行する担い手である地方政府，さらにはエージェンシーや NDPBs などの公的機関とどのような関係を形成しているのかについて検討する．

第3章　さまざまな公共政策執行の担い手

1　スコットランドの地方政府

(1) 地方自治制度の概要
① 連合王国およびスコットランドの地方政府の構造

スコットランドのみならず連合王国の地方政府は基本的に同じ構造である．イングランドと合併をした18世紀初頭において，スコットランドの地方政府は独自性を持った制度であったが，その後，幾度かの改革を経るにつれて，その特徴は次第に目立たなくなっていった．ところが後に検討するように，90年代から今日に至る改革を通じて，スコットランドとイングランドとの間に地方自治制度に関する差異が次第に生ずるようになっている．ここではスコットランドを含めた連合王国の地方政府の基本的な役割について概略する．

連合王国の地方政府が現代社会において果たしている役割は大きい．市民生活に密接に結び付いている公共サービスの大半は，地方政府によって供給されている．地方政府の支出別に，地方政府が担っている公共サービスをみると，教育，社会福祉，住宅，道路・交通，警察・消防・救助，文化，環境，土地利用計画・開発など，多岐にわたっていることがわかる(図表3-2参照)．こうした地方政府の役割に注目し，中央政府は法的，財政的権限に関し優越して公共政策を形成するものの，その執行は地方政府に依存せざるを得ず，両者は相互依存関係にあるとする見方が主流となっている[1]．

さらに，さまざまな地方政府がそれぞれ構成する団体と中央省庁は，政策形成過程において公式的，非公式的なレベルで協議や交渉を行うことによって，中央地方間の不安定性を減少させ，それぞれの意思を

---

[1]　Rhodes, R. A. W., *Beyond Westminster and Whitehall: The Sub-Central Governments of Britain*, London, Unwin Hyman, 1988.

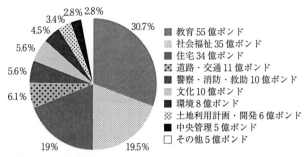

Source: Audit Scotland.
(出典) Audit Scotland, An overview of local government in Scotland, 2009, 2010, p. 8.

図表 3-2 地方政府によって提供される公共サービスの支出割合
(2008 年度)

政策に反映させようとする行動様式を志向する[2]. イングランドの場合，従前の複数の団体が統合して 1997 年に設立された地方政府協会 (Local Government Association——LGA) が，スコットランドに関してはスコットランド地方政府協議会 (the Convention of Scottish Local Authorities——COSLA) が利益集団としての役割を担い，地方政府の意向を中央省庁に伝え，政策形成段階において，公式的，非公式的な協議を行う.

また，民主的正当性を付与された地方政府の存在は，中央政府の行きすぎた権力の集中を抑制し，多元的な政治体制を確立することに役立つ. さらに，多くの国会議員，あるいは「領域」に設置されている議会の議員は地方議会議員 (councillor) を経験しており，地方議員が政治家としてのキャリアを積む登竜門として位置づけられている[3].

---

[2] Richardson, J. J. and Jordan, A. G., *Governing under Pressure: The Policy Process in a Post-Parliamentary Democracy*, Oxford, Martin Robertson, 1979, pp. 105–113; Keating, M. and Midwinter, A., *The Government of Scotland*, Edinburgh, Mainstream, 1983, pp. 102–107.

第3章 さまざまな公共政策執行の担い手

 ところが，実際の連合王国の中央政府と地方政府との関係を規定する法制度，財政制度は極めて集権的であり，中央政府が地方政府に優越する立場にある．法的次元では，国会主権の原理の下，国会の制定法によって地方政府が創造され，地方政府の権限や統治機構も国会の制定法によって規定される．地方政府は国会の創造物として位置づけられる．もし地方政府が制定法を越えた活動を行った場合，裁判所が権限踰越(ultra vires)と判断すれば当該行為が無効になる．また，財政的次元に関してみれば，地方政府には伝統的に家屋に対する課税であるレイトが自主財源として認められており，今日ではカウンシル・タックスとして運用されている[4]．ところが，地方政府が行政活動に要する財政資源のうち，カウンシル・タックスによって充当できる割合は約 20% であり，残りのほとんどは中央政府から，補助金や歳入援助交付金(Revenue support grant)などの形で配分されている．

 連合王国の地方自治制度は，スコットランド，ウェールズ，北アイルランドなど「領域」にもとづいた議会・政府を除けば，基礎自治体であるディストリクト(district)と広域自治体であるカウンティ(county)の2層制の地域と，カウンシルのみの1層制の地域が混在している．従来までの地方政府は，ディストリクト，カウンティ，カウンシルであれ，基本的に委員会制とよばれる機構を採用していた．すなわち，選挙を通じて選出された議員が議会(カウンシル)を構成し，その下に政策分野ごとの委員会を設置するとともに，この各委員会が行政各部を指揮監督する．ところが，委員会制に対しては，非効率であり，透明性が十分でなく，説明責任の確保に欠けるとの批判があり，労働

---

[3] McGarvey, N. and Cairney, P., *Scottish Politics: An Introduction*, Basingstoke, Palgrave Macmillan, 2008, p. 134.
[4] 岡田章宏「現代イギリス地方自治の歴史的脈略――近代的地方自治制度の「解体」と「再生」」『法律時報』第 81 巻第 8 号，2009．

党は 2000 年に地方政府法(The Local Government Act 2000)を制定し,イングランドとウェールズの地方政府に対し,小規模の地方政府を除き公選首長と内閣制,リーダーと内閣制,公選首長とカウンシル・マネージャーのいずれかの体制への移行を促した[5]. その結果,リーダーと内閣制を採用する地方政府が増大した. これに対し,公選首長制を導入する地方政府は極めて少ない.

② 保守党政権,労働党政権下ですすめられた地方政府改革

連合王国の中央地方関係が持っている集権的な性格は,80 年代以降の保守党政権下ですすめられた改革によっていっそう強まった. 1979 年に発足したサッチャー政権,その後のメージャー政権は,地方政府の活動の効率化を進め,さらには地方政府の活動範囲を縮小するため,地方政府の運営に対する競争原理の導入を主眼とした改革を中央政府主導で進めた. これら一連の改革は,新公共管理論(the New Public Management)の発想に基づいて進められた. 具体的には,第一に,地方政府の活動に競争原理を導入する手法として,強制競争入札(Compulsory Competitive Tendering)が導入され,地方政府が行う業務に入札を通じて民間企業が参入できる余地を拡大させた. 強制競争入札は,当初,ごみの収集や街路整備など現業部門を対象に導入されたが,その後,内部管理業務にも適用が拡大されるようになった[6]. 第二に,民間の資金によって社会資本を整備し,その後の維持運営も民間企業に委ねる方式として PFI(Private Financial Initiative)が導入された. PFI は国レベルの事業のみならず,校舎の建設・維持など地方政

---

5) Wilson, D. and Game, C., *Local Government in the United Kingdom*(fourth edition), Basingstoke, Palgrave Macmillan, 2006, Ch. 6.
6) 岡田章宏「現代地方自治の構造」戒能通厚編『現代イギリス法事典』新世社,2003, 223-224 頁.

府が担う政策分野にも取り入れられ，広がっている．第三に，中央政府は従来まで自治体の業務であった権限を縮小させる改革を推し進めた．この影響が端的に表れたのが学校教育の分野である．中央政府は，地方政府による学校に対する統制を緩和させ，学校運営の権限を校長に委ねたり，地方政府の管理から離れることを望む学校にはこれを認め，自立的な運営を可能にさせた．また，公営住宅に関しても，中央政府によって売却がすすめられるとともに，管理運営に対する国の関与が強まった[7]．

また，保守党政権期に進められた大幅な改革として地方政府の再編，1層制化がある．80年代初頭の連合王国の地方政府は基本的に，基礎自治体であるディストリクトと広域自治体であるカウンティによって構成されていた．保守党政権は，こうした2層制に対して，ディストリクトとカウンティの間で業務が分けられている状態では責任の所在が不明確であり，非効率的であるとして，市民に対する説明責任の確保，公共サービスの改善のために，これを1層制の地方政府へと再編することが望ましいとする考え方に立っていた．地方政府の1層制化は先ず，1986年のグレーター・ロンドン・カウンシル(the Greater London Council——GLC)と大都市圏のカウンティの廃止からはじまった．従来までGLCが行っていた業務は基礎自治体に委ねられるとともに，公共交通，警察，消防など広域的に処理すべき業務に関しては，基礎自治体から選出される委員によって構成される合同委員会(joint board)によって運営された．さらに，メージャー政権によって，地方政府の1層制化はさらに進められた．そしてウェールズ，スコットランド，イングランドの非大都市圏において1層制のカウンシルへの再編が実現した．ところが，こうした1層制への再編に強く反対する地

---

7) 竹下譲ほか編著『イギリスの政治行政システム——サッチャー，メジャー，ブレア政権の行財政改革』ぎょうせい，2002，176頁．

方政府もあり,イングランド非大都市圏では保守党政権の意図するようには再編が実現せず,1層制と2層制の地域が混在する状態となった[8]. なお,イングランド地方における地方政府の1層制への再編は,その後の労働党政権から今日に至るまで断続的に進行している.

さらに,サッチャー政権下には,地方財政の統制を強化する改革が進められ,地方政府に対して大きな影響を与えた. 先ず中央政府が定めた支出基準を超えた地方政府に,中央政府が配分する交付金を減額した. その後,地方政府の自主財源であるレイトの課税限度額を設定するレイト・キャッピングが採用され,さらに,歳出総額を統制することを可能にさせるなど,中央政府が地方政府の財政規模を抑制させる権限を強化していった. さらに,地方政府の自主財源であった非住居レイトが国税としていったん中央に集められ,その後,地方政府に配分される譲与税に変更となった. また,1989年には,伝統的な地方税であるレイトから,原則として貧富の差にかかわらず一律に課税をするコミュニティ・チャージを導入した(その後,導入直後から強い批判と反発を受け,1992年に住居に課税するカウンシル・タックスに変更された)[9]. このように,サッチャー,メージャー政権期の地方財政改革は,一貫して地方財政の拡大を中央政府が統制する権限を強化する方向で進められていった.

その後,1997年に労働党が政権を獲得した後,保守党によって進められた地方行財政改革は統制的な性格を緩和する方向で見直された. 一方,保守党政権時代の改革が継承されているものもある. 先ず,強制競争入札は廃止され,ベスト・バリューという評価制度によって,地方政府が効率的に活動することを促す手法が導入された. 地方政府

---

8) Wilson and Game, op. cit., Ch. 4, 5, 岡田,前掲「現代地方自治の構造」,224-226頁.
9) 同上,229-231頁.

第3章　さまざまな公共政策執行の担い手

の歳出総額を抑制する統制は廃止されたものの,地方政府がカウンシル・タックスの税率を過度に引き上げることを中央政府が統制する権限は維持されている.また,ロンドンの広域行政を一元的に行うために,グレーター・ロンドン・オーソリティー(the Greater London Authority——GLA)が設置された[10].

その一方で,労働党政権の地方政府改革には保守党政権からの連続性も見られる.強制競争入札こそ廃止されたものの,新公共管理論に基づくPFIは引き続き奨励されているし,ベスト・バリュー制度は,地方政府の行政活動を「上から」統制するように運用されている.特に,業績のよい地方政府には報奨を与え,業績の悪い地方政府には制裁,介入を加えるよう,個別の地方政府の活動に注意が向けられるようになった[11].

③　イングランドとスコットランドとの違い

以上のような中央政府によってすすめられてきた地方政府改革は,スコットランドにおいても同様の影響を及ぼした.その意味で,スコットランドと中央政府との関係は基本的にイングランドにおける中央地方関係と共通する部分が多い.ところが,スコットランド省の存在,1996年の改革によって1層制の32のカウンシルに再編されたことなどの要因によって,スコットランドの地方政府と全国政府(分権改革以降はスコットランド政府)との関係にはいくつかの特徴が見られる.また,1999年以降のスコットランド政府による地方政府改革を通じて,スコットランドとイングランドの地方政府の差異が次第に顕在化する

---

10) 同上,226-227頁.
11) Jones, G. and Stewart, J., "Central-Local Relations since the Layfield Report", Carmichael, P. and Midwinter, A., *Regulating Local Authorities: Emerging Patterns of Central Control*, London, Frank Cass, 2003.

ようになった.

　第一に,スコットランドは1996年に域内を32の1層制のカウンシルに再編する地方政府改革が実行された.その結果として,少数の画一的な地方政府が存在する状態が生じたが,そのことは中央政府と地方政府との協調的な関係を構築することを容易にさせる条件となっている[12].先に見たように,イングランド域内の地方政府は数が多い上に,1層制と2層制が混在している.なお,この時期にスコットランドで実行された地方政府の1層制化は,保守党政権により地方政府側の強い反対を押し切り,トップダウン型の手法で進められた.また,保守党主導の1層制化は,保守党支配の地方政府を増やすように有利な再編をすすめるという政治的な思惑の存在が指摘されていた.ところが興味深いことに,保守党政権による1層制化に対して労働党は反対の立場をとるものの,労働党,そして自由民主党,SNPの野党各党は異なる論拠から地方政府を1層制化する方針を持っていた.保守党は,説明責任の確保と効率化を1層制化の目標としていた.これに対して労働党は80年代末ごろから,既存の地方自治制度の上にスコットランド議会を設置することは,「過剰な統治(over-governing)」を招くことになるという批判に対処するために,地方政府が1層制であることが望ましい政策であると考えていた[13].こうして地方政府が保守党政権期に1層制に再編されていたことは,結果的には,新たな議会・政府を創設することを容易にさせる条件を整備することとな

---

12) Keating, M., *The Government of Scotland* (second edition), Edinburgh Edinburgh University Press, 2010, p. 209.

13) Midwinter, A. and McGarvey, N., "Local Government Reform in Scotland: Managing the Transition", Leach, S. ed., *Local Government Reorganisation: The Review and its Aftermath*, London, Frank Cass, 1998, pp. 73-76; Boyne, G., Jordan, G., and McVicar, M., *Local Government Reform: A Review of the Process in Scotland and Wales*, London, LGC Communications, 1995, pp. 24-27.

第3章　さまざまな公共政策執行の担い手

った.

　第二に,スコットランド省が存在していたことによって従来から,地方政府,そしてスコットランド域内全ての地方政府によって構成されるスコットランド地方政府協議会(COSLA)との密接な政策共同体が形成されており,こうした関係は,分権改革によっても変わっていない.前章でも触れたように,スコットランド省は,スコットランドの利害を全国政府レベルで,場合によっては内閣レベルにおいて代弁する役割を持っており,そのロビー活動が重視されてきた.それとともに,スコットランド省は常に域内のさまざまな利益集団との公式的,非公式的な関係を形成しており,地方自治制度に関する政策課題が設定された場合には,地方政府,COSLAとも政策形成段階における協議を通じて,中央地方間の合意形成を図ろうと志向してきた.これは,地方政府の構造を大きく変えたサッチャー政権時代においても該当し,コミュニティ・チャージの導入は,圧倒的な専門家の疑念をよそに政治家主導で実行された例外的なケースであるとも指摘される[14].こうした協調的中央地方関係は,分権改革によってスコットランド省がスコットランド政府に代わった現在でも基本的に継続している.

　第三に,以上の2つの要因も作用し,スコットランド政府の地方政府に対する統制はイングランドにおける中央地方関係と比較すると厳しくはなく,地方政府との協調を基本とした特徴を持っている.例えば,地方政府の活動を効率的に行わせるための外部評価であるベスト・バリュー制度は,スコットランドの場合にはイングランドのように地方政府を誘導したり,地方政府に対して介入や制裁を加える手段としては使われていない[15].スコットランドにおけるベスト・バリュ

---

14) Midwinter, A., *Local Government in Scotland: Reform or Decline?*, Basingstoke, Macmillan, 1995, pp. 115-120.

15) Midwinter, A. and McGarvey, N., "In Search of Regulatory State: Evidence

ー制度が地方政府にどのように受け止められているのかに関する調査によれば,地方政府はベスト・バリュー制度は信頼のおける手法であり,スコットランド監査院による評価レポートも公平であると理解している.そして,多くの地方政府の行政官,地方議員が,ベスト・バリューによる評価が地方政府を改善するためのきっかけとして作用していると答えている.一方,評価報告がいかに地方政府の活動の弱点を改善するかに関するアドバイスが不十分であること,ベスト・バリューを行うためのコスト,評価結果に対する市民の関心の低さに課題があると,地方政府の側が指摘している.そして,イングランドのように集権的な統制手法として用いられていないことが円滑な運用に作用しているという認識を持っている[16].

また,イングランドでは地方政府の執行体制を,公選首長を含めた新しい体制へ移行することが中央政府によって強力に奨励されたが,スコットランドにおいては地方政府の自主性が尊重されており,内閣制を導入している地方政府はあるものの,公選首長を採用している地方政府はない[17].

以上のように,スコットランド政府と地方政府との関係は,基本的にイングランドの中央地方関係とほぼ同じであるが,地方政府の数の少なさ,スコットランド省との密接な関係が構築されてきたことから,中央政府による統制が弱く,地方政府の意向を重んじる協調的な関係を基本としている.無論,こうした合意志向の関係は常に当てはまるものではなく,後述するようにスコットランド政府は,多くの地方政

---

from Scotland", *Public Administration*, vol. 79, no. 4, 2001.

16) Downe, J., Grace, C., Martin, S., and Nutley, S., "Best Value Audits in Scotland: Winning without Scoring?", *Public Money & Management*, April, 2008.

17) McGarvey, N., "Centre and Locality in Scottish Politics: From Bi- to Tripartite Relations", Jeffery, C. and Mitchell, J. eds., *The Scottish Parliament 1999-2009: The First Decade*, Edinburgh, Luath, 2009.

エディンバラ・ロイヤルマイル

府の反対にもかかわらず議会選挙に比例代表制を導入した．もっとも，この場合には，多くの地方政府が反対するものの，1層制再編の時のような決定的な対立には至らなかった．

(2) 1999年以降の改革

① マッキントッシュ委員会(the McIntosh Commission)勧告

90年代に分権改革運動が展開される過程で，スコットランド憲政会議の構成メンバーでもあった地方政府は，大きな役割を果たしていた．先に見たように80年代から90年代の保守党政権は，地方政府の意向に反したさまざまな改革を中央主導で実行していった．こうした事情から，地方政府は分権改革によってスコットランド政府と地方政府が建設的な関係を形成することを強く望んでいた．スコットラン

ド憲政会議が1995年にまとめた報告書である『スコットランドの議会・スコットランドの権利』においても，スコットランド議会と地方政府が，積極的，協力的，安定的な関係となることの重要性を，そして地方政府の強力かつ有効的なシステムを確実にして維持すること，さらには地方政府が公共サービスを提供する重要な役割を保証するために補完性の原理を具体化することを訴えていた[18]．

こうした考え方を具体化するために，スコットランド政府はスコットランド議会と地方政府の関係を検討するための委員会を設置した（マッキントッシュ委員会とよばれる）．1999年に同委員会が提出した勧告は，議会および大臣との関係，選挙制度，選挙制度改革，カウンシル業務の運営，コミュニティ・カウンシルの役割など多岐にわたり，これらはその後，地方政府とスコットランド議会・政府との関係に影響を与えることになった．さらに，マッキントッシュ委員会勧告が提出された後，これをさらに検討し勧告を具体化するため，大臣に指名されたリチャード・カーリー氏が率いるワーキング・グループが設立され，2000年にスコットランドの地方デモクラシーの健全さを改善するための36の勧告が出された．その中では，地方政府により近づきやすく，より理解されやすくするため，カウンシルの説明責任を増進させることと，カウンシルをより外向きにさせる狙いから，比例代表制の導入，地方議員の報酬の増額，選挙の周期が検討された[19]．後に検討するように，カーリー・グループ報告で検討された課題は2004年のローカル・ガバナンス法によって実現することになる．

---

18) The Scottish Constitutional Convention, *Scotland's Parliament Scotland's Right*, 1995.
19) McGarvey, N., "Intergovernmental Relations in Scotland Post-Devolution", Carmichael, P. and Midwinter, A., *Regulating Local Authorities: Emerging Patterns of Central Control*, London, Frank Cass, 2003, pp. 31–34.

第3章　さまざまな公共政策執行の担い手

　また，2001年にはマッキントッシュ勧告を受け，相互の信頼関係を確実なものとするために，スコットランド政府とCOSLAはパートナーシップの枠組みを文書の形にして合意を結んだ[20]．具体的には，対等性と補完性の原理の尊重，執行機関とカウンシルの別個であり相補的である役割の承認，戦略的な争点に関するパートナーシップ活動への関わり，地方政府に影響する提案の基本方針と実践に関して形成段階からの地方政府の積極的な参加，財政的な影響を含む地方府に関わる提案に関する協議を促進する委員会，地方政府に影響を与える提案には詳細な規定と財政負担の見積もられた影響を含むこと，担当大臣とCOSLAとの定期的な会合，などが両者の間で取り決められた[21]．

② 2003年地方政府法(Local Government in Scotland Act 2003)

　分権改革以降のスコットランド政府・議会と地方政府との関係は，2003年に制定された地方政府法によって制度として規定された．同法は第一に，保守党政権期に導入された強制競争入札制度を廃止し，その代わりにベスト・バリュー制度を導入することによって，地方政府の効率的な活動を促している．第二に，コミュニティ計画(Community Planning)の法的な根拠を設けた．コミュニティ計画は，地方政府が域内においてよりよい公共サービスを計画し，提供するために，他の公的機関や地域コミュニティと協力して活動する手法であり，これには単一のモデルがあるわけではなく地方政府ごとに異なる計画が策定される．第三に，地域における福祉(well-being)を増進させるため，現行法で禁じられていない限り，地域の福祉を増進させる活動を積極的に行うための権限が付与された[22]．

---

20) Ibid., pp. 41-42.
21) McGarvey, 2009, p. 127.

③ 2004年地方ガバナンス法(Local Governance(Scotland)Act 2004)

また,2004年には地方ガバナンス法が制定され,基礎自治体であるカウンシルの議会選挙制度や地方議員の処遇が大きく変わった.同法の制定により,第一に,マッキントッシュ委員会,カーリー報告の勧告を具体化するため,小選挙区制を廃止して1つの選挙区から3名ないし4名が選出される比例代表制(単記移譲式投票制度——the Single Transferable Vote System——STV)を導入した.第二に,地方議員の報酬を引き上げ,年金制度を整備した.議員報酬の詳細は,地方ガバナンス法を受けて設立される委員会(the Scottish Local Authorities Remuneration Committee)において検討される.第三に,地方議員への立候補を容易にするための制限を見直した.先ず,地方政府の職員が地方議員に立候補する場合,以前は候補者として指名された段階で辞職しなければならなかったが,辞職の時期を当選後に変更した.これによって,当該候補者が落選した場合,引き続き地方政府職員として勤務できる.また,地方議員の被選挙権を21歳から18歳に引き下げた[23].

地方ガバナンス法による改革の中でも比例代表制の導入は,地方政治に多くの変化を生じさせることになり,法案審議や事前協議の段階から賛否が大きく分かれた.当時のスコットランド政府は,労働党と自由民主党の連立政権であり,連立内閣を形成する協議の中で,自由民主党がカウンシルの選挙に比例代表制を導入することを強く主張し,同法が提出され,成立したという経緯があった.これに対して労働党は,比例代表制の導入によって単独で議会の過半数を制する地方政府

---

22) Herbert, S., *Local Government-Subject Profile* (*SPICe Briefing*), the Scottish Parliament, 2003.
23) Herbert, S., *Local Governance (Scotland) Bill* (*SPICe Briefing*), the Scottish Parliament, 2003.

第3章　さまざまな公共政策執行の担い手

が減少することを恐れ，比例代表制の導入に反対するスコットランド議会議員や地方議会議員が多数存在しており，党としての対応が分かれていた．

　比例代表制の導入を進める側は，小選挙区制の下では少数の得票によって多数の議席が獲得されてしまうことを問題視し，得票の割合と議席の割合を一致させることが適切であると考えた．これに対し，比例代表制の導入に反対する側は，小選挙区制の方が政治家と有権者との密接な結びつきを保ち，また，強力な政治指導を発揮することが可能であると考えた．そして，比例代表制は有権者と議員との密接な結びつきを破壊するのみならず，どの政党も絶対多数を確保できない地方政府が増え，結果として投票率の低下を招く事態になると批判した．労働党が多数を占めている地方政府，そしてスコットランド地方政府協議会は，反対の立場を明確にしていた[24]．このように，同法案をめぐる対立の構図には，各政党の議席数の増減という政治的な利害対立とともに，「よきローカル・ガバナンス」とは何かという考え方について，スコットランド政府と多くの地方政府との間に相違が存在している点にあった．

　ところで，こうしたスコットランド政府と多くの地方議員との間に存在する認識の相違は別な形でも顕在化していた．先のマッキントッシュ委員会の勧告を受けて，スコットランド政府は地方政府の業務運営や活動実績を再検討するため，リーダーシップに関する諮問機関(the Leadership Advisory Panel)を設置し，開かれた討論を前提としたカウンシルの活動の必要性や，カウンシルはリーダーや執行部の活動を効果的に監督できなければならないことが強調された．これに対して，マッカティアー(McAteer)とオー(Orr)による地方議員へのインタ

---

24)　Ibid.

ビュー調査によれば，多くの地方議員は自らの主要な役割を，有権者の支援，コミュニティの意向の表明，選挙区の利益の保護と増進と考えている．一方，カウンシルの活動を監視したり，行政機構を統制することに対しては，軽視こそしていないものの，重要な役割であると見なしていないという結果が明らかにされた．このように，スコットランド政府には旧来の委員会制度に基づいた伝統的な地方議会の役割を見直し，行政機構の統制や政策審議の能力の向上を期待する考え方と，大多数の地方議員の考え方の相違が存在する[25]．

また，地方ガバナンス法による改革を通じて生じる変化として，地方議員の報酬が大幅に増額される方向で見直されることとなった．連合王国では議員を名誉職，あるいはボランティアとしてとらえる考え方が伝統的に強く，特に地方議員の活動に対する金銭的な支援は少額の手当(allowance)が支払われる程度であった．これに対して，マッキントッシュ勧告では，地方議員の活動をフルタイムの職業と合致するものとして，充分な支援のためのサービスを提供するべきであるとした[26]．1999年に行われた調査によればスコットランドの地方議員の平均活動時間は，1週間で36-37時間であった[27]．具体的には，地方ガバナンス法に基づいて地方議員の報酬を具体的に検討するための委員会が設置され，毎年，地方議員の報酬額を勧告することとなった．2008年段階で，一般的地方議員の報酬は約1万5000ポンドであり，また，大都市のリーダーで約4万8000ポンドと，それ以前と比較すると大幅に増額された[28]．

---

25) McAteer, M. and Orr, K., "The 'Modernisation' of Political Management Arrangements in Post Devolution Scottish Local Government", *Public Policy and Administration*, vol. 18, no. 1, 2003.
26) Herbert, S., *Local Governance (Scotland) Bill (SPICe Briefing)*, 2003, pp. 21-22.
27) McConnell, A., *Scottish Local Government*, Edinburgh, Edinburgh University Press, 2004, p. 102.

なお、地方ガバナンス法案は労働党内部での賛否が分かれ、成立が懸念されたが、連立政権を維持するために自由民主党の意向を尊重した労働党が法案成立を進め、可決された。こうして2007年に行われた地方議会選挙において、比例代表制が適用されることになった。以上のように、地方ガバナンス法の制定過程において明らかになったように、スコットランド政府と地方政府との間で合意を形成することが不可能な事態を生じさせることもあり、そのような場合には最終的にスコットランド政府の意向が優先されることを示している。

④ 分権改革に対する地方政府関係者の評価

スコットランド域内における中央地方関係に即して分権改革を検証するならば、どのように評価をすることができるであろうか。ここでは以下、ベネット(Bennett)とマッカティアーが2001年に実施し、2005年にまとめた地方議員、地方政府行政官らに対する面接アンケート調査結果を参照しながらこの問題を検討する。先ず、全体として両者による調査結果において、分権改革によってそれ以前のスコットランド省の時代よりも政策決定過程が開かれたものとなり、地方政府関係者のスコットランド議会・政府へのアクセスを容易にしたことに関しては、積極的な評価が得られている。ところが、「スコットランド政府の存在が地方政府の重要性を低下させたか」との問いに対しては、党派によって賛否が異なるが、約48%の地方議員が「同意する」と回答している(「同意しない」は42%)。これに対し、「スコットランド議会の存在が地方政府の重要性を低下させたか」との問いに対しては、反対に「同意する」が43%に対して、「同意しない」が48%と

---

28) Scottish Local Authorities Remuneration Committee, *Review of Implementation of Remuneration Arrangements for Local Authority Councillors and Annual Review of Remuneration Levels*, the Scottish Government, 2008.

なっている．こうした相違が生じる背景として，分権改革によって創設されたスコットランド政府による地方政府に属する事項に対する干渉が増えていると回答した地方議員が78％もいることがその要因として挙げられる(ただし，リーダーであるか，野党であるかなど，議員のレベルによって受け止め方が異なっている)．このような調査結果を見れば，分権改革において強く掲げられていた「新しい政治」が従来までの中央地方関係を大きく変化させているわけではない現状をあらわしていると見ることができる[29]．

こうした指摘を裏づけるように，スコットランド政府と地方政府が対立する政策課題として，スコットランド政府の政策実施機関であるエージェンシーの設立がある．スコットランド政府は，公共政策の実効性を高める必要性を認識したり，また，地方政府による政策執行に問題があると見なした場合，地方政府の権限や組織を剥奪して，エージェンシーを設立する手段を選択する場合がある[30]．こうした手法は地方政府の側から強い反発を招くことになり，実現が断念される事態を招く．実は，こうしたエージェンシー設置の手法は分権改革以前の保守党政権と同様であり，地方政府はこれに強く反対してきた経緯がある．こうした経緯からは，補完性の原理を尊重すべきスコットランド政府であっても政策の実効性を確保するためには，このような集権的な手段を用いる余地があることを示している．

また，ベネットとマッカティアーの調査によれば，チーフ・エグゼクティブや上級管理職をはじめとする地方政府行政関係者らは，多くがスコットランド政府による地方政府への統制が強まったと回答する一方，分権改革が公共政策に対するインパクトを与えていることを認

---

29) McAteer, M. and Bennett, M., "Devolution and Local Government: Evidence from Scotland", *Local Government Studies*, vol. 31, no. 3, 2005.
30) *The Herald*, 2003. 10. 17.

めた.このように,地方議員,地方行政官に対するインタビュー調査によれば,分権改革という憲法構造上の変化は「新しい政治」を実現するものと期待されていたが,スコットランドの中央地方関係を変容させたと断定するには至っていない.政策決定過程が開かれたものになり,さまざまな主体が参入することを容易にした一方で,政策決定の実際を変容させるには至らなかった.彼らによる調査は2001年であり,分権改革から日が浅い時期に行われたもので,今日,改めて同様の調査をした場合には異なる結果が得られる可能性もあることはいうまでもない.

この点に関して,ベネットとマッカティアーによる面接インタビュー調査の結果と同様の見方を示しているのが,マックガービイとキャーニである.彼らによれば,スコットランド政府はイングランドのように集権的に地方政府を規制したり改革をさせておらず,地方政府の自主性を尊重する余地が大きい.ところが,学校のカリキュラム改革や2003年の地方政府法によって規定された「公共の福祉の増進」など,地方政府に大幅な裁量が与えられた政策についてみれば,必ずしも地方政府が独自性を発揮していないという.「公共の福祉の増進」を実行するための権限を行使することに対してさまざまな制約が課されている.学校のカリキュラム改革も,査察(inspection)の体制によって独自性を追求することが困難であることが問題とされている.それゆえ,彼らはスコットランドがもつ特質は,政策形成の実質というよりもスタイルに当てはまるものだと指摘している[31].

⑤ 2007年地方政府選挙

2007年5月に行われたスコットランド議会選挙は,SNP政権を誕

---

31) McGarvey and Cairney, op. cit., pp. 140-141.

	2003年	2007年	増減
労働党	509	348	−161
SNP	176	363	187
自由民主党	174	166	−8
保守党	122	143	21
緑の党	0	8	8
その他	241	194	−47
合　計	1,222	1,222	0

(出典) Herbert, S., 2007, p. 8.

図表 3-3　2003年，2007年のスコットランドの地方議会選挙の結果

生させるという変化を生じさせたが，地方議会選挙においても地方ガバナンス法の施行に伴い，初めての比例代表制による選挙として行われた．また，同法によって2007年に引退する地方議員に対して退職金が支払われることになったため，今回選出された全地方議員1222名のうち48％が新人となった．総議席数の増減を見ると，労働党が161議席を減らして348議席に止まった一方，SNPは187議席を増加させ363議席を獲得した（図表3-3参照）．この結果，単独の政党で過半数の議席を確保することが困難になり，以前は多数を占めていた労働党単独与党の地方政府は激減し，5つの地方政府だけが単独の政党または党派が過半数の議席を獲得できた．6つの地方政府は少数の単独政党によって運営されている．残りの21の地方政府では複数の政党によって連立が形成された[32]．このように，当初から予想されたように，単独で，特に労働党が過半数を占める地方政府が大幅に減少し，「ハング・カウンシル」とも言うべき少数与党や連立を形成する地方政府が続出した．

---

32) Herbert, S., *Local Government-Subject Profile* (*SPICe Briefing*), the Scottish Parliament, 2007.

第3章　さまざまな公共政策執行の担い手

(3) SNP政権と地方政府

スコットランド政府の政権党が選挙公約として掲げている政策の大半は，地方政府によって担われている．そのため，スコットランド政府と地方政府の政権党が異なるとしても，両者が協調関係を形成する必要がある．2007年より政権党となったSNPの選挙公約のなかには，地方税制改革(家屋に課税をしているカウンシル・タックスを廃止し地方所得税を導入)，小学校低学年のクラスの少人数化，警察官の増員など，地方政府による執行に委ねざるを得ないものが含まれていた．

SNP政権も，それ以前の労働党・自由民主党連立政権と同様，地方政府そしてCOSLAとの協調を重視しながら公共政策を実行しなければならない．2007年，スコットランド政府はCOSLAと，相互の尊重とパートナーシップに基づいた関係を確保するために協定を締結した．そのなかでは，スコットランド政府が地方政府の構造的改革を企てないこと，全体的な成果目標に基づいて地方政府が単一成果目標合意(Single Outcome Agreement——SOA)へと動き出すこと，SOAが実行される過程は簡素化された外部の監督と有効な活動管理システムによって支えられること，スコットランド政府が個別補助金を減少させること，地方政府は他に振り向けるため，効率的に節約した資金を保持できること，スコットランド政府がCOSLAと新しいパートナーシップを監督し管理するために共同の取り決めが導入されること，などを具体的な内容としていた．こうした協定に基づいて，スコットランド政府が向こう3年間に地方政府に配分する予定である予算額を明示し，また，特定補助金を大幅に減少させること，スコットランド政府によって地方政府に課していた監視や報告などの行政上の手続きを見直すこと，さらには地方政府の自主財源であるカウンシル・タックスの凍結などが合意された[33]．

スコットランド政府庁舎

 ところで,SNP 政権と COSLA との協定の内容を見ると分権改革直後の 2001 年に労働党・自由民主党政権が地方政府と締結したパートナーシップ枠組み合意と非常に似通っていることがわかる[34].これは,中央政府と地方政府との協調が,党派とは関係なく重要であることを物語っているといえる.

 スコットランド政府と COSLA との協定を通じて実行されることになった SOA は,スコットランド政府と個々の地方政府との間で形成された合意に基づいて,地方政府が追求する政策目標のことである.SOA の目標は,スコットランド政府が追求する 15 の主要な全体成果目標(national outcome)と 45 の全体指標(national indicator)および具体的なターゲットと関連づけながら,地方政府が独自に地方成果目標(local outcome)と地方指標(local indicator)を設定することによって確定

---

33) Scottish Government/COSLA, Concordat, 2007.
34) McGarvey, 2009, p. 129.

する．こうして地方政府によって成果目標と指標が設定された後，SOA は個々の地方政府によって，場合によってはコミュニティ計画のパートナーとともに達成を目指して追求される．SOA が発足した当初，2008 年 9 月の段階では，32 の地方政府が 1215 の成果目標と 3599 の成果指標を設定し，SOA の枠組みに即して活動を行っている[35]．このように SOA は，地方政府の自主性を尊重しながら，地方政府が自立的に活動することによって地方政府およびスコットランド政府が目指す政策目標を達成しようとするユニークなしくみである．

(4) おわりに

スコットランド域内の中央地方関係においては，スコットランド政府が公共政策の執行を地方政府に依存していること，分権改革運動の経緯から地方政府の自立性を尊重し，補完性原理に即した関係を構築することが求められている．また，分権改革以前から，スコットランド省と地方政府との間に密接な関係が形成されていたこと，さらには地方政府の数が少ないことなどが要因となり，中央地方関係は協調と合意形成を基調とした性質を持っている．これはイングランドにおける中央地方関係と比較した場合に際立っており，ベスト・バリュー制度の運用や地方政府構造の改革にあらわれている．

しかしながら，一方でスコットランド政府は自らが政権公約として掲げたものを含めて公共政策の実効性を高め，市民に対する説明責任を果たすためには地方政府を集権的に統制しなければならない場面に直面する．その結果として，分権改革の理念とは離れて両者の間に対立と緊張を生じさせる場合がある．

こうした中央地方関係は，2007 年以降の SNP 政権期においても基

---

35) Herbert, S., *Single Outcome Agreements*(*SPICe Briefing*), the Scottish Government, 2008.

本的に変わることはないものと考えられる．スコットランド政府は新しい試みとして，SOA によって協調関係を基本にしながら公共政策の有効かつ効率的な実践を目指している．しかしながら，2011 年度予算編成過程において顕在化したように，分権改革以降初めて直面する緊縮財政という事態が中央地方関係にどのように影響を与えるのかが注目される．

2　公共サービスを執行する公的機関

(1)　公共サービスの提供主体——クワンゴ(QUANGO)による執行

スコットランドのみならず連合王国の行政を理解する際に留意しなければならないのは，政府にかかわる行政事務の大半は政府以外の公的外部機関によって執行されているという点である．市民や社会に対する規制の執行やサービスを提供するのは，行政機関とは別の外部機関であり，また，基礎自治体である地方政府である体制が連合王国の行政を複雑なものにしている．こうした構図はスコットランドにも当てはまる．

先に検討した地方政府以外に政策を執行する外部組織の第一の類型として，エージェンシーと呼ばれる機関がある．エージェンシーは，スコットランド政府と密接なつながりがあり，国家公務員の身分を持つ職員が現業の業務を行うために勤務している．現在，スコットランドには 16 のエージェンシーが設置されている．

これとは別に第二の類型として，非省庁型公共機関(NDPBs)としてまとめられる公共政策を執行するための外部組織があり，通常，クワンゴ(quangos——quasi-autonomous non governmental organizations)と呼ばれている．NDPBs には，執行型 NDPBs(Executive NDPBs)，諮問型 NDPBs(Advisory NDPBs)，審判所(Tribunal)，公有企業(Public Corporation），NHS（National Health Service）など，多岐にわたる種類の組織がある．NDPBsも，公共サービスを執行する機関であるが，スコットランド政府からの独立性が高く，大半のNDPBsは独自に職員を雇用し予算を執行するなど，自律的に組織を運営する裁量権を与えられている．なお，これらの職員は公務員ではない．

NDPBsは現代の連合王国における行政において多用されているが，こうした背景には，特定の目的を実行するために，中立性，専門性を確保するために，行政部門から一定の距離を保つことによって活動することが望ましいと考えられてきた事情がある．また，設立されたNDPBsの数が多いことや，説明責任の確保の観点から，常に行政改革の対象とされてきた経緯がある．しかしながら，NDPBsは専門性，中立性を確保し，独自の活動を行うところにその特徴があるが，一方で担当大臣の説明責任，また，議会による統制とどのように整合性を図るのかについて適切な解を見出すのは容易ではない[36]．換言すれば，NDPBsを設置する遠心的な圧力と，担当大臣の責任という求心的かつ多くの方法で集権的な論理とをどう整合させるかの難問に直面している[37]．

(2) NDPBsと分権改革

① NDPBsとアカウンタビリティ

実は，スコットランド分権改革運動の過程においても，NDPBsをどうするかは大きな政策課題となっていた．スコットランド憲政会議は，非公選の組織であるクワンゴが影響力を増大させている現状を批

---

36) Mcleavey, J. and Gay, O., *The Quango Debate(Research Paper)*, House of Commons Library, 2005.

37) Denton, M. and Flinders, M., "Democracy, Devolution and Delegated Governance in Scotland", *Regional and Federal Studies*, vol. 16, no. 1, 2006.

判し，スコットランド議会がクワンゴの活動を民主的に統制することの重要性を強調していた[38]．

こうしたことから，スコットランド政府も NDPBs の改革に着手し，イングランドと異なる独自の制度として，2003 年に公共部門の指名および公共団体法(Public Appointment and Public Bodies Act(Scotland) 2003)を制定し，公共部門指名コミッショナー(a Commissioner for Public Appointments in Scotland——CPAS)を設置した．スコットランド政府からの独立性を確保するため，CPAS はスコットランド議会の助言と推薦に基づいて国王が指名する．CPAS は，担当大臣による NDPBs スタッフの任命に関する実行規定を作成，発行すること，実行規定の精査，担当大臣の規則遵守の監督，規則が破られた場合の議会への通報，指名が公正で開かれた方法で行われることを確実にすることなどを主な役割としている[39]．

また，分権改革によって創設されたスコットランド議会が，担当大臣による統制のみならず，NDPBs に対する監視や統制に積極的な役割を果たすことが期待された．特に，スコットランド議会の特徴である委員会制度の下で，NDPBs に関わる問題が扱われるようになった．ところが議会による調査検討は，NDPBs のあり方という構造的な次元の問題よりも，むしろ政策上の関わりに焦点を当てる傾向があると指摘されている．委員会審議においても，個々の NDPBs の問題を取り上げ，予算の執行権限とアカウンタビリティのギャップに関心が集中する傾向にある[40]．

---

38) Flinders, M., *Delegated Governance and the British State: Walking without Order*, Oxford, Oxford University Press, 2008, p. 270.
39) *The Public Appointments and Public Bodies etc. (Scotland) Bill (SPICe Briefing)*, the Scottish Parliament (the Information Centre), 2002.
40) Parry, R., "Quangos, Agencies and the Scottish Parliament", Jeffery and Mitchell eds., op. cit., 2009.

	1998	2007	変化の割合
執行型 NDPBs	36	33	
諮問型 NDPBs	65	46	
審判所	36	38	
公社	3	4	
公有企業	3	0	
NHS の団体	55	23	
総団体数	198	144	−27%
総人員	157,200	179,500	+14
単年度の総歳出(£M)	4,121	10,458	+154

(出典)Flinders, M., op. cit., p. 271.

図表 3-4 スコットランド域内で公共政策を執行する公的団体の総数,人員,歳出額の変化

一方,2003 年法のように,NDPBs スタッフの任命の過程を透明かつ公平にして議会の関与を明確にしたことは画期的な改革であったが,スコットランド政府による NDPBs の見直しが行われていてもスコットランドの行政活動全体に占める NDPBs の役割はあまり変化が生じていない.1998 年と 2007 年の変化を見れば,確かにスコットランド政府の手によって NDPBs の絶対数は 198 から 144 へと大幅に減少している一方,人員と予算額は大幅に増大している(図表 3-4 参照).こうした背景には,NDPBs の整理・縮小という行政改革の要請や民主的統制の必要性を受け止めつつも,スコットランド政府は現代行政の執行において,NDPBs が果たす役割の重要性を認識していたことがある.それゆえ,整理・縮小は,既存組織の廃止というよりも,再分類や統合を行うに止まった[41].

このように,NDPBs の改革も,分権改革の際の大きな政策課題であった.分権改革によって,一方において CPAS の設置に見られる

---

41) Flinders, op. cit., pp. 271-272.

ように,民主的な過程と手続きの整備というスコットランドの独自性があらわれた.ところが他方で,現代行政における NDPBs の存在に関しては,分権改革以前との変化,イングランドとの差異は顕在化していない.

② ガバナンス概念の再検討

連合王国の行政において NDPBs の存在が重要になってきたということは,一元的な階統制の行政機構が独占的に公共政策を担う構造から,多様な公的機関によって公共政策が執行される行政構造への変化を意味している.それとともに,民間企業や市民社会団体などとの連携を図りながら政策目的が達成されるように変容を遂げている.このような行政活動の変化は,「ガバメント」から「ガバナンス」へと表現される[42].こうした観点から,ローズ(Rhodes)は連合王国の政府をさまざまな組織体のネットワークとしてとらえている.さらに政府組織自体も新公共管理論の影響によって,一元的な構造からより多様で複雑な構造へと変容しているとされる[43].

このようにガバナンスという概念は,近年の政府活動の変容をとらえるのに有効な概念であると考えられるが,以下に指摘するようないくつかの問題点を含んでいる.第一に,ローズ自身も指摘しているように,ガバナンス概念と民主的説明責任との適合性が明確ではない[44].NDPBs やエージェンシーの増大は,場合によっては地方政府の役割を縮小させることになる.また,これら公共政策を執行する団体の増

---

42) Pierre, J. and Peters, B. G., *Governance, Politics and the State*, Basingstoke, Macmillan, 2000.
43) Rhodes, R. A. W., "The New Governance: Governing without Government", *Political Studies*, XLIV, 1996.
44) Ibid.

大と多元化は，大臣責任制の確保を複雑なものにする．第二に，ガバナンス概念が，現在の社会と政府との複雑な状況を説明するのみならず，どの程度，政治学や行政学の新たな理論的解釈を提供しえたのかは明らかではない．あらゆる政府は，ガバナンス概念が登場する以前より，市民社会や市場に存する諸団体との関係の制約の下で活動を余儀なくされていたのである[45]．第三に，統治システムの形態は一層複雑さを増すものの，政府が排他的に実行しえる重要な活動がなお存在しており，政府の役割を分析することは依然として重要である[46]．それゆえ，ガバナンス概念がどの程度現実世界の説明に，そして，政府の役割との関係を説明するのに適合的な概念であるかどうか検証することが必要であろう．

---

45) Keating, M., *The New Regionalism in Western Europe: Territorial Restructuring and Political Change*, Cheltenham, Edward Elgar, 1998, pp. 127–129; Peters, B. G., "Review: Understanding Governance: Policy Networks, Governance, Reflexivity, and Accountability", *Public Administration*, vol. 76, no. 2.
46) Peters, B. G., "Globalization, Institutions, and Governance", Peters, B. G. and Savoie, D. J. eds., *Governance in the Twenty-First Century*, McGill-Queen's University Press, 2000.

第4章
現代日本における「領域」と「機能」

　これまで検討してきたように，連合王国の権限移譲が今日に至るまで進展してきた背景には，固有の憲法構造やそれぞれの「領域」が持つ独自性などの要因が存在しており，他の国の中央地方関係とは相当異なる特徴を有している．それゆえに，他国と単純に比較できないことは言うまでもない．しかしながら，連合王国の権限移譲を特殊な政治現象としてそれ自体を個別に研究するのではなく，そこから示唆を得ようとする作業は不可能なのであろうか．連合王国においても，それぞれの「領域」への権限が移譲される経過は同一でも，また，たとえ「領域」が歴史的，文化的な特性を強くもっていたとしても，単線的な変化によって遂げられるわけではないことは第1章で詳述した．また，「領域Ⅱ」の特徴をもつ権限移譲はさまざまな問題を生じさせており，その対応策を「領域Ⅰ」の観点から再考する動向も存在する．

　本章では，連合王国の権限移譲を考察する際に用いた「領域」と「機能」の視点から，改めて日本の地方自治制度，そして近年の道州制構想を考察することによって，日本の中央地方関係の特質を明らかにする．そこでは，「領域」よりも「機能」が強く影響し，多様性を許容する「領域Ⅱ」よりも画一性が強い「領域Ⅰ」を志向する傾向があることが明らかにされる．さらに，「領域Ⅱ」を志向するような「下から」の政治的な運動と，多様性を実現させる内閣による「上から」の働きかけも弱い現実もある．しかしながら，日本の中央地方関係においても「領域」と「機能」，「領域Ⅰ」と「領域Ⅱ」の関係は決

して固定的,不変的なものではなく,それぞれが影響し合っているし,その時々の制度改革を通じてどのような特徴を持つのかに変化が生じていることが明らかにされる.

1 さまざまな道州制構想・広域行政

(1) 日本における地方分権・道州制構想の流れ
    ——「機能」と「領域Ⅰ」

① 戦後改革と道州制

現代日本の地方自治制度は戦後改革を機に確立した.その間,市町村合併による規模拡大に関しては大きな変化を生じさせたが,都道府県・市町村の2層制という基本的な構造を維持したまま今日に至っている.これは,政権交代を機に大幅な地方自治制度改革を繰り返してきたヨーロッパ諸国と比較すると極めて対照的である[1].

また,戦後改革による地方自治制度の確立は,一方において都道府県の完全自治化,住民参加制度の整備など,自治権を大幅に強化する方向での変化を生じさせたが,他方では,都道府県および市町村の組織や活動が地方自治法によって画一的に規定された.戦前は朝鮮,台湾,樺太などの植民地,そして北海道,沖縄と本土の地方制度は異なっていたが,敗戦による植民地の喪失,そして北海道も他の府県と制度上同一の地方自治体となった[2].このように戦後改革は,画一的な地方自治制度を生じさせた.地方自治制度を画一的に取り扱う傾向は,その後の地方制度改革,地方分権改革に際しても共通した傾向であり,一貫している.

---

1) 大杉覚「第8章 行政改革と地方制度改革」西尾勝・村松岐夫編『講座行政学 第2巻 制度と構造』有斐閣,1994.
2) 西尾勝『行政学(新版)』有斐閣,2001,79-80頁.

第4章　現代日本における「領域」と「機能」

　なお，現行の都道府県制の中で唯一，特別な制度といえるのが東京都制である．都制は1943年に導入され，戦後の地方自治法の施行に際しても基本的な枠組みは維持され，今日に至っている．周知のとおり，23の特別区は特別地方公共団体として位置づけられ，通常の基礎自治体である市が行う一定の権限を23区に代わり都が担っている[3]．さらに，こうした特別区の特殊な位置づけは，1952年に区長公選制が廃止され選任制とされたことに対する批判の高まりと相まって，大きな問題とされた．その後，区長公選の復活と，特別区を基礎自治体とする改革のための提言，運動が続けられるようになった[4]．なお，東京都制が戦後の地方自治法の下で継承された際，憲法95条が規定する地方自治特別法に該当するかが議論された．これに対して国は，地方自治法が規定する都制は東京のみを対象としたものではなく，「都という一つの抽象的な地方公共団体を地方自治法は考えて」いるとして，憲法95条にもとづく住民投票は不要であるとの見解に立っている[5]．

　ところで，戦後改革において大きな課題となったのは，都道府県の位置づけであった．戦前の府県は国の出先機関としての役割を持ち，官選知事が府県行政を統括していた．こうした背景そして，公選知事に対する不信から，国の各省庁は従来のように府県に対して国の仕事を委任する方法を見直し，中央省庁が出先機関を設置して事務を直接執行する傾向を強めた．これに対して機関委任事務方式を都道府県知事に適用させることによって，中央各省庁が都道府県を迂回すること

---

3) 村松岐夫「国と自治体とのたたかい」御厨貴編『都政の50年——シリーズ東京を考える①』都市出版，1994．
4) 公益財団法人　特別区協議会『東京23区　自治権拡充運動と「首都行政制度の構想」——基礎的地方公共団体への道』日本評論社，2010．
5) 「参議院地方行政委員会会議録第59号」1952.7.7, 18頁．

によって生じる「空洞化」は，一応は避けられた．しかしながら，内務省が解体されたこともあり，中央省庁が出先機関を設置する傾向はその後も続いた[6]．さらに，機関委任事務の増大，通達行政の深化，補助金行政の拡大が，中央省庁の出先機関設置の傾向と相まって縦割り行政の分立化傾向を一層強めていった[7]．戦後改革以降，完全自治体である都道府県の実現という「領域Ⅰ」の改革に抗して，「機能別省庁」はそれぞれが個別に政策を執行する体制を強化した．

　内務省の解体と中央省庁による分立化に対処するためにさまざまな試みが行われたが，1950年代に検討された道州制もそのひとつとして位置づけることができる．1957年，第4次地方制度調査会は都道府県制を廃止し，全国のブロックごとに新たに道州制(答申では「地方」と呼ばれた)へと再編する案と，複数の府県を統合する案の2つが併記されて答申された．当時，道州制改革の必要性の論拠として，中央省庁が相次いで全国のブロック単位で出先機関を設置したことによって強まった分立化傾向を道州制によって見直し，統合することが強調された．また，公選知事を擁する都道府県を廃止して新たに設置される道州には，官選の長を置くこととなった．戦後改革によって確立した体制を抜本的に見直すこの構想に対しては，強い反対が起こった．主な反対意見は，地方の出先機関を設置し，独自の行政体制を形成しつつあった「機能別省庁」によるものであった．同時に，完全自治体となった都道府県の知事からも反対の声が出された．こうして，地方制度調査会答申も両論が併記されたものの，実現には至らなかった[8]．

---

6) 西尾勝ほか編著『自治行政要論』第一法規，1986，33-34頁．
7) 西尾，前掲書，86頁．
8) 高木鉦作「戦後体制の形成 中央政府と地方政府」大森彌・佐藤誠三郎編著『日本の地方政府』東京大学出版会，1986，101-103頁．

第 4 章　現代日本における「領域」と「機能」

② 定着する都道府県制と各省庁の分立化

その後，国による都道府県制を見直すような改革は提起されず，他方で，経済団体や各地域において府県の枠組みを越えた新しい広域行政の構想が打ち出されるようになった．東海地方では，1958 年，愛知県地方計画協議会が愛知県，岐阜県，三重県の 3 県合併を提案し，中部経済連合会も東海 3 県統合構想を明らかにした．また，関西地方では関西経済連合会が大阪府，奈良県，和歌山県の 3 県合併を，阪奈和合併として提起した[9]．

また，中央政府レベルにおいては，従来のような都道府県の廃止を前提とした道州制構想に代わり，都道府県の合併によって広域行政に対応できるような制度を確立しようとした．1965 年第 10 次地方制度調査会は，現行の都道府県制度を前提として自主的な形で合併を行う「府県合併」案を明らかにした．こうした改革を具体化するためには，地方自治法第 6 条の規定，すなわち「都道府県の廃置分合又は境界変更をしようとするときは，法律でこれを定める」に基づいた立法措置が必要になる．政府は，1966 年，「都道府県合併特例法案」を提出した．ところが，現行の都道府県という制度枠組みを維持しようとする社会党や，合併に慎重な県もあり，同法案は継続審議が繰り返され，1969 年に廃案となった．府県合併に関しては現在，2004 年の地方自治法の改正によって都道府県議会の議決，総務大臣への申請，国会の同意，閣議の決定を経て自主的な都道府県合併が可能になった[10]．

このように，都道府県を越える新しい広域行政の枠組みは 1960 年代以降においても形成されなかった．一方で国は，地域開発への対応をはじめとする広域的な行政課題に対して，中央省庁による出先機関（地方支分部局）の設置・強化，公社・公団など特殊法人の設置，河川

---

9)　田村秀『道州制・連邦制』ぎょうせい，2004，79-80 頁．
10)　同上，81-82 頁．

法・道路法改正によって知事の権限を引き上げ,改めて直轄事業として行うものと機関委任事務によって行うものとに区分するなど,「機能別省庁」がそれぞれに分立化傾向を強めることによって広域行政への対応がすすめられた[11].こうして,都道府県制が定着する一方,分立な「機能別省庁」の執行体制も確立し,戦後改革によって生み出された地方自治制度,行政制度が安定性を持ち,「機能」と「領域Ⅰ」がある種の共生状態を保つようになった.

③ さまざまな主体による改革構想

1970年代以降,都道府県―市町村制度を抜本的に見直すような改革は,少なくとも中央政府の側からは提起されず,都道府県・市町村の2層制が維持された.他方,1980年代後半以降,国の政治改革,行政改革が大きな政治課題となる中で,地域の経済団体,シンクタンク,マスコミ等が,道州制あるいは連邦制への改革構想を次々と発表するようになった[12].

こうした諸構想に共通してみられる特徴は,従来まで日本の政治・行政を規定してきた中央集権体制の弊害が指摘されるとともに,80年代後半から急速に進行してきた東京一極集中の弊害を解消する目的で,地方分権改革が語られるようになったことである.そして,地方自治体に対して,大幅な行財政権限を移譲することの意義が語られるが,こうした国からの行財政権限を受け止めるために,現行の都道府県,市町村の規模では小さすぎると指摘されている.それゆえ,地方

---

11) 市川喜崇「道州制・都道府県論の系譜」日本地方自治学会編『道州制と地方自治』敬文堂,2005,119-122頁.
12) 80年代後半から今日に至るまでのさまざまな主体による提言に関しては,田村,前掲書,83-131頁,および,地方自治制度研究会編『道州制ハンドブック』ぎょうせい,2006,163-219頁を参照.

第4章 現代日本における「領域」と「機能」

分権と同時に，市町村合併，あるいは道州制，または連邦制への改組が構想される．さらに一連の改革では，国の役割を限定し国際化へ機動的な対応ができるようにすることや，地方分権とともに規制緩和が一体となって語られることが多かった．また，諸構想の中には，日本を連邦制国家に改革するよう提言しているものも散見される．連邦制を実現するためには抜本的な憲法改正を行わなければならず，その実現は極めて困難であると思われるが，以後，「連邦制」はいわば究極の地方分権と同義としてある種の政治的スローガンとして，さまざまな論者によって利用される場面が多くなる．

④ 第28次地方制度調査会による答申

2006年2月，第28次地方制度調査会は「道州制のあり方に関する答申」を明らかにし，中央政府が道州制に対して取るべき考え方が示された．なお，同答申は，積極的に道州制を導入するというよりも，道州制を導入する際に留意すべき課題，ありうる制度設計，道州制改革が行われたときの姿を整理，公表することに力点が置かれた．

答申では，市町村合併の進展による都道府県の役割の変化，都道府県を越える広域行政課題の増加，行財政権限の移譲を伴うさらなる地方分権の担い手の必要から，現行の都道府県制度のあり方を見直す必要性に言及している．そして，国が本来役割を果たすべきものに重点化し，内政は広く地方が担うような関係を前提とするならば，道州制の導入は適当であると考えられると，地方制度調査会として見解がまとめられた．そして制度設計をするに際して道州制が，中央省庁による「機能」ごとの分立化を見直して地方分権を推進すること，自立的で活力のある圏域を形成して域内経済を活性化させること，効率的な行政システムの構築に資するものと位置づけた．具体的には，

- 現行の都道府県を統合して道州を設置し2層制の地方自治制度とすること,
- 全国を9・11・13のブロックに区分すること,
- 原則として全国同時に移行すること,
- 現在国の地方支分部局が行っている事務は道州に移譲するとともに都道府県の事務を大幅に市町村に移譲すること,
- 長および議会の直接公選,
- 国から偏在性の低い税の税源移譲とともに財政調整制度の導入など,

以上を道州制が実現した場合の大まかな姿とした[13].

このように,第28次地方制度調査会の道州制構想においても,中央省庁による「機能」ごとの分立状態を道州という新たな単位で統合することを目指している.この点に関して言えば,先の第4次地方制度調査会以来の課題を継承している.一方,第28次地方制度調査会答申において提案された道州制では,道州が都道府県に代わる新たな広域自治体であるべきことが強調された.西尾勝によれば,この背景には,制度設計如何によっては第4次地方制度調査会の地方制案に近い構想や,権限移譲に伴い機関委任事務のような国による統制を強化する方式が形成される恐れがあり,このような事態を回避したうえで道州制の制度設計を行う必要があったことが指摘されている[14].また,次に検討する道州制ビジョン懇談会や自民党道州制推進本部の構想は,北海道道州制特区や北海道および沖縄の位置づけに対して特例の言及をするものではなく,全国を一律に扱った「領域Ⅰ」型の制度設計となっている.

---

13) 地方自治制度研究会編,前掲書,47-64頁.
14) 西尾勝『地方分権改革』東京大学出版会,2007,152-157頁.

第4章　現代日本における「領域」と「機能」

⑤　現在のさまざまな道州制構想と北海道・沖縄の位置づけられ方

地方制度調査会による検討と並行して，2000年代に至り，多くの論者がそれぞれの立場から道州制構想を明らかにするようになった．以下，代表的な構想において，北海道，そして沖縄がどのように位置づけられているかを中心に検討する．

(i)　道州制ビジョン懇談会中間報告

中央政府は，2006年9月にはじめて道州制担当大臣を設置し，2007年1月，道州制の構想づくりのために懇談会を設置した．そして，道州制の理念と目的，国・道州・市町村との関係，道州政府の機構，税財政制度，導入のプロセスを検討している．懇談会は2008年3月に中間報告を発表し，「地域主権型道州制」の構築を提起した．そして，繁栄の拠点の多極化，住民本位の地域づくり，効率的・効果的行政と責任ある財政運営を行うことをその目的として掲げている．そして，2010年には道州制基本法を制定し，2018年には道州制を実現させることを目指している．また，道州制特区法に関しては，下記のように特記している．

「道州制特区推進法は，道州制という言葉が法律上初めて明記された画期的な法律である．

この道州制特区推進法を有効に活用し，現在唯一の道州制特区である北海道は，さらなる提案を着実に積み重ね，国においては，北海道からの提案を真摯に受け止め，権限及び財源の移譲に積極的に取り組むことによって，わが国全体における道州制の制度設計ならびに推進に資することが期待される．

一方で，同法に関しては基本的に府県が合併しなければ道州制特区の適用が受けられないという課題があるため，経験至難とされる

都道府県の合併に固執することなく,すでに地方自治法に規定されている広域連合などについても道州制への移行の前段として特区の適用ができるようにすべきである.

このようにして各地域が,道州制の準備段階において,道州制に関連する行政経験等を積むことは意義が認められる.」[15]

(ii) 自民党道州制推進本部『道州制に関する第3次中間報告』

自由民主党は,2004年11月に道州制調査会を設置し,2007年からはこれを道州制推進本部として道州制の導入を党内で検討した.そして同党は,2015年から2017年を目指して道州制の導入を実現させるとしている.自民党道州制推進本部が2008年の7月に明らかにした『道州制に関する第3次中間報告』によれば,同党が目指す道州制とは「限りなく連邦制に近い道州制」と表現され,基礎自治体と道州に,大幅に権限,財源,人間を移譲することとし,国と道州は「小さい政府」としている.また,国・地方の公務員数も全体として大幅に削減することを目指している.それゆえ,基礎自治体の標準規模は30万人以上とされ,市町村数も700-1000程度に再編されなければならないとしている.また,道州政府の財政需要は自らの税収で賄えるようにしてゆく制度を導入するとしている.さらに,道州制の実現に向けて,道州制の基本理念・目的,制度設計の基本方針,導入のための検討機関,タイムスケジュールなどを定めた道州制基本法を制定することとしている.また,中間報告は,北海道に適用されている道州制特区法を通じて北海道の事例を先駆的取り組みの事例として,世論を喚起し,全国的な道州制の実現に向けた推進力となるよう,下記のように期待を寄せている.

---

15) 『道州制ビジョン懇談会中間報告』2008,26頁.

「道州制特区制度を活用した北海道の取組を先駆的事例として，世論を喚起し，全国的な道州制の早期実現に向けた推進力とする．

このような観点から，北海道には，道民による自主的・自立的な検討を踏まえて，権限，財源，税財源の移譲をはじめ，広域行政の推進を図るための幅広い提案を更に積極的に行うことを期待する．この提案を受けて，北海道に対する幅広い権限の移譲等を可能な限り推し進める．これらの動きに対して，党として積極的に支援する．

また，数多くの提案や権限移譲，その執行を積み重ねながら，年度ごと，あるいは計画満了時に，真の地方分権の推進，すなわち，①地域の自主性，自立性が向上しているか，②国・道を通じた行政のスリム化・効率化に繋がっているか，③地域の自立的な発展に寄与しているか，などの観点からその成果を検証・評価することを通じて，最終的に道州制の真のビジョンへの収斂を図る．

これと平行して，北海道には，支庁改革や道内分権，市町村合併などの環境整備にも取り組みつつ，移譲された事務・事業を活用して，地域の発展に繋がる施策を総合的かつ効果的に推進することを期待する．」[16)]

(iii) 日本経団連『道州制の導入に向けた第2次提言』

2008年11月，日本経団連は『道州制の導入に向けた第2次提言』を明らかにした．これによれば，分権型国家の構築と広域経済圏の形成のために道州制が必要であるとしている．経団連の道州制論は日本における道州政府の規模がヨーロッパの中堅国と同様の人口・GDPの規模を持つことに注目し，民主導の活力ある経済社会の実現を強調

---

16) 自由民主党道州制推進本部『道州制に関する第3次中間報告』2008, 10頁.

している．同時に，道州制の改革による行政の合理化に大きな期待を寄せている．地方支分部局の統廃合，府県の統合により大幅な公務員数の削減が可能であるとともに，公共事業の効率化を図ることによって道州政府が利用できる新たな財源を創出するとしている．

経団連の描く道州制では，国内に10程度の道州政府と約1000の基礎自治体が存在する2層制の地方自治制度を目指している．そして，道州と基礎自治体が，産業政策，社会資本整備，雇用・人材育成，医療・介護などの社会保障制度の運営，まちづくりに関わる事務を担うとされている．また，道州政府を支える財政制度として，地方消費税を充実させるとともに，地方債の起債を自由化することによって財政自主権を与える．また，国庫補助負担金と地方交付税を廃止し，「地方共有税」による財政調整，「安心安全交付金」を国から道州政府に交付することによって，ナショナルミニマムを維持するとしている．

第2次提言によれば，2009年に道州制推進基本法を制定し，具体的な以降のプロセスを確定し，2015年に道州制を導入するとともに，中央省庁の再編を合わせて実現するとしている．また，同提案は，下記のように道州制特区法を道州制実現のために活用するべきであるとの考え方を示す一方，来るべき道州制が実現した際には，北海道と沖縄について特例型の道州政府への移行を容認している点に特徴が見られる．

「現在，道州制特区推進法に基づき，北海道において道州制特区に関する取り組みが行われているが，国から北海道への権限移譲は表3および表4にあるとおり限定的であり，かつ不十分である．また，道州制特区推進法については，必ずしも財源の移譲が担保されていないという問題のほか，北海道以外で同法の適用対象となるためには，3以上の都府県が合併した「特定広域団体」となる必要が

あるなどの問題が指摘されている．

そこで，道州制特区の活用を推進する観点から，まず道州制特区推進法に基づく北海道からの提案を最大限認めるとともに，権限移譲が行われる場合には財源移譲も確実に行われるよう措置すべきである．また，道州制特区推進法における3以上の都府県の合併を必要とする要件を改め，都府県による広域連合を対象とすべきである．」17)

「道州制の導入を前に，個々の道州が自立的に経済活性化を遂げられるよう，必要最小限のインフラ整備を国の財源で行うなどの特例措置を講じることも必要となろう．

特に，北海道と沖縄については，地理的・歴史的・文化的要因などにより，他県との合併を経ることなく，現行の区域のまま単独で道州に移行することが適当である．しかし，北海道と沖縄はこれまでも，北海道開発法や沖縄振興特別措置法をはじめ，行財政特例が適用されており，道州制のもとですぐに経済的に自立することは困難であると考えられる．道州制の導入にあたり，北海道と沖縄に対しては，地域の自立を促す観点から，国による財政上の支援や企業立地促進税制などを前提とした特例的措置を時限的に認める特例型道州制を導入して対応すべきである．

全国平均を上回るスピードで急速に人口減少・少子化・高齢化，過疎化が進む北海道においてこそ地域の自立が求められており，北海道での成功が全国的な道州制の導入につながる．そこで道州制特区推進法に基づく北海道からの提案を最大限認め，国から北海道への権限と税財源の移譲を着実に進めるとともに，二重行政の典型と

---

17) 日本経団連『道州制の導入に向けた第2次提言』2008, 18頁.

指摘されている地方支分部局については,廃止を含めそのあり方と役割を根本から見直すべきである.また,北海道の各地域の行政ニーズに対応すべく,支庁制度の改革や基礎自治体への分権を進める必要がある.」[18]

先に検討したように,地方制度調査会における道州制の案は,全国のすべての区域で一斉にそして画一的な政治・行政制度を導入するものであった.すなわち,「領域Ⅰ」のタイプの地方自治制度の再編であった.これに対して,道州制ビジョン懇談会,自民党道州制推進本部,日本経団連の提言においては,北海道が道州制特区法の活用を通じた先行的な実践を積み重ねることを期待している.さらに日本経団連の構想においては,北海道と沖縄が地理的,歴史的,文化的な特性を持っているとともに,財政上の基盤が弱いことを考慮して「特例型」,すなわち「領域Ⅱ」の制度を導入するように言及している.

(2) 国土開発政策──「機能」と「領域Ⅱ」

近年さまざまな立場から提起された道州制構想は基本的に「領域Ⅰ」に基づいた制度設計であり,例外的な形で北海道,沖縄に特例を認めるものであった.これに対して,国土開発政策において,北海道および沖縄は他府県と異なる「領域Ⅱ」の制度の下に置かれている.北海道と沖縄の開発政策を根拠づけてきた北海道開発法,沖縄振興開発特別措置法(2002年より沖縄振興特別措置法)は,国土総合開発法(2005年より国土形成計画法)とは別個の法制度である.これら両地域には「領域別省庁」が設置されていたこともあり,明瞭な特徴を持っているが,「機能別省庁」との複雑な関係によって,その独自性は限定さ

---

18) 同上,20-21頁.

れている[19].

① 北海道開発体制

北海道は，旧内務省—北海道庁という戦前の体制が解体され，北海道が地方自治法の下で普通地方公共団体となる際に，従来まで保持していた開拓事業・予算制度の特例を継承させるために改めて，北海道開発法をはじめとした総合的な開発体制の確立を目指した．すなわち，北海道が戦後改革によって「領域Ⅱ」から「領域Ⅰ」へ移行する際，同化しきれない特別な制度を「領域別省庁」としての北海道開発庁を設置することによって維持したのである．具体的には，国務大臣を擁する北海道開発庁，開発事業を総合的に執行する地方支分部局としての北海道開発局を整備するとともに，その後，1956 年には地域政策金融を担当する政府系金融機関として北海道開発公庫（後に北海道東北開発公庫）が設置された．さらに予算上の特例として，北海道開発予算の一括計上権，事業間調整の移用権，開発事業の地方負担を軽減するための高率補助などが整備された．

ところが，こうした制度上の特例が存在したことによって「領域」に基づく独自の開発政策が十分に実践されていたかどうかは検証を要する．北海道開発法の制定に際して北海道開発庁の役割が企画調整に止まり，所掌事務も開発事業に関する事項に限定された上，北海道開発局長に対する指揮監督権が関係各省大臣に留保されるなど，中央各省が「機能」に基づいて影響力を行使する余地が残されており，北海道開発庁が開発行政の総合性を確保する際にさまざまな課題を残した．また，1950 年代，60 年代を通じて，他の省庁が「機能」ごとにさまざまな地域開発・振興法を数多く制定するようになり，北海道内にお

---

19) 以下の記述は，山崎幹根『国土開発の時代——戦後北海道をめぐる自治と統治』東京大学出版会，2006 を参照．

いても北海道開発法は唯一の開発法制ではなくなっていた.さらに「機能別省庁」は,特別会計制度とこれに密接に関連した分野別公共事業整備5ヵ年計画を策定し分立化をすすめた.

その後,北海道という「領域」が,冷戦の崩壊,国内外の社会経済環境の変化などにより,国策の観点から特別な意味を次第に持たなくなるとともに,独自性を解消する方向での見直しが進められてきた.2001年の行政改革によって北海道開発庁は国土交通省に統合された.また,1999年には北海道東北開発公庫が日本政策投資銀行に統合された.さらに近年,国土交通省北海道局,あるいは北海道開発局を廃止する動向もあり,北海道を他の府県と同一化させる方向で,すなわち「領域Ⅰ」へ同化させる方向での見直しが強まっている.

② 沖縄振興(開発)体制

沖縄の振興(開発)体制は,基本的に北海道の開発体制をモデルに形成された.国務大臣を長とする沖縄開発庁,開発事業のみならず非公共事業分野を包括した沖縄総合事務局,地域政策金融を一元的に行う沖縄振興開発金融公庫が設置された.また,振興開発予算の一括計上,開発事業の地方負担を軽減する高率補助,復帰特別措置としての特別税制などが整備されている.さらに,沖縄の場合には,各省庁による「機能」ごとの地域開発・振興法の適用を除外し,沖縄振興開発体制の下で行われる手法に一元化されるなど,北海道以上に沖縄という「領域」に総合的な体制を確立した.

しかしながら,現実の制度運用においては,北海道と同様,「機能別省庁」による影響力との関係で沖縄開発庁の総合調整能力が十分でないことや,基地問題や跡地利用を促進させる権限がないことが指摘されていた.

一方,2001年の行政改革に際しては,沖縄開発庁と内閣官房内政

審議室沖縄問題担当室が統合され，沖縄担当部局が内閣府に設置された．このことによって中央政府レベルにおける沖縄という「領域」の課題に対処するための行政組織が一元化された．さらに，2002年に制定された沖縄振興特別措置法は，観光，情報通信産業振興，農林水産業振興，職業安定の4つの分野別計画を策定するとともに，自由貿易地域・特別自由貿易地域や金融業務特別地区などの地域指定制度を設け，企業誘致のための税制上の優遇措置が認められるなど，新たな政策が含まれ，総合性を高めるようになった．

(3) 画一性を志向する日本の地方自治・行政制度

以上のように，日本では地方自治制度であれ，中央省庁による国の行政制度であれ，「領域」ごとの多様性を許容するよりも，すべての地方自治体に同一の制度を適用しようとする画一性を志向する特徴を強く持っている．その意味で，戦後制定された地方自治法は基本的に「領域Ⅰ」の地方自治制度である．一方，中央省庁が「機能」に即して行う行政は，基本的に全国を画一的に扱い，同一の政策を執行することが原則となっている．また，内務省が解体されたこともあり，各省庁はそれぞれが出先機関を設置したり，機関委任事務や補助金を通じて地方自治体を統制するなど，分立化傾向が強まった．こうして二重の意味で「領域Ⅱ」に基づいた地方自治制度・行政制度が存在する余地が限定されている．

各省の「機能」による分立化に抗するための一連の道州制構想はそのほとんどが「領域Ⅰ」に即した改革案であった．また，2000年の地方分権一括法の施行による地方分権改革，そして2008年から2009年にかけて地方分権改革推進委員会が行った4次にわたる勧告も，「領域Ⅰ」の地方自治制度を前提として，各省庁の「機能」による分立化を見直す改革であった．この点に関し，金井利之によれば，現代

日本の地方自治制度,そしてこれを所掌する旧自治省―総務省には,広範な行政事務を地方自治体に担わせようとする総合性志向がはたらいているとともに,個々の自治体に対して特例を認めない普遍主義,反特例主義があるという[20].

近年,こうした全国を一斉かつ画一的に扱う改革とは異なり,一部の自治体に対してのみ特例を認める手法として,構造改革特区,地域再生計画,道州制特区法が注目された.

構造改革特区は,個別の自治体や民間事業者に対して特例的な規制緩和を認め,さらには成功事例を全国展開させることによって,地域経済の活性化を図ることを目的として,2002年から導入された.ところが,東京市政調査会研究室によれば,制度が発足した当初はユニークな提案が認定され,その後全国展開したものも散見されるが,年を経るごとに認定率が低下するとともに,既に認定された提案を追従する形での利用が増加したという.その中でも,地方分権に関する提案の認定率が低いことが指摘されている.さらに自治体アンケートによれば,中央省庁からの回答には「はぐらかし」「紋切り型」「現状維持」などの対応も散見されるという[21].

また,2004年に関西の経済6団体がまとめた「関西州(産業再生)特区」構想に即して数多くの提案を構造改革特区に提出したが,そのほとんどが認められなかった.静岡県も2005年1月に,一県単独で国の地方支分部局の権限移譲を求める政令県構想を地域再生計画に提案したが,認められなかった.このように,いっそうの権限移譲を特例的に求めるための「構造改革特区」,「地域再生計画」の活用によって「領域Ⅱ」を実現させる試みは,現実には中央省庁の消極姿勢により実を結ばなかった.これは,次に検討する道州制特区法による権限移

---

20) 金井利之『自治制度』東京大学出版会,2007.
21) 東京市政調査会研究室編著『検証 構造改革特区』ぎょうせい,2007.

譲を求める北海道に対する中央省庁の姿勢と同様である．

さらに，国の地方自治制度に対する画一性志向を表すものとして，憲法95条にもとづく地方自治特別法の運用を指摘できる．憲法95条では，「一の地方公共団体のみに適用される特別法は，法律の定めるところにより，その地方公共団体の住民の投票においてその過半数の同意を得なければ，国会は，これを制定することができない」としており，16の法律がこの地方自治特別法に該当するものとして住民投票が行われた[22]．ところが，この地方自治特別法の運用に関しては，どのような場合に適用になるのかの基準が必ずしも明確ではないことと，憲法95条に基づいた住民投票が1952年以降行われていないことが問題とされる[23]．

本章との関連で言えば，1950年の北海道開発法の制定に際して国会審議においてもこの点が問題になった．国は，北海道開発法は国の政策や組織を定めた法律であり，同法の規定する北海道とは地理的名称としての北海道に過ぎず，また同法は地方公共団体である北海道に対して特別の負担や権利義務などの規定を設けているわけではないので，地方自治特別法に該当しないとの立場を繰り返し表明している[24]．これは1971年に制定された沖縄振興開発特別措置法に対しても同様の政府見解が示された[25]．

しかしながら，奥野健一参議院法制局長も，「実質的に申しますと，反射的には非常に影響がありますから，その特別な北海道という自治体の権利義務に影響を及ぼすということも言い得ると思いますが，そ

---

[22] 小林公夫「地方自治特別法の制定手続について——法令の規定及びその運用を中心に」『レファレンス』2009年10月号．
[23] 松永邦男「地方自治特別法について 憲法95条は機能しているか」『都市問題』第96巻第5号，2005．
[24] 「参議院地方行政委員会会議録第28号」1950年4月8日．
[25] 松永，前掲，83頁．

の点は非常に微妙な問題であると思います」と答弁しているように,厳密な判断が難しい部分を残していた.

さらに,同年制定された首都建設法が地方自治特別法に該当するとして住民投票に付されることになったことが問題を複雑にさせた.この点に関し,奥野局長は首都建設法案には,首都建設計画の実践に対する協力と援助の義務が課せられている点,首都建設委員会が東京都知事に対して首都建設計画を尊重するよう勧告できる点,建設省などが東京都の都市計画事業を執行できる特例がある点から,地方自治特別法に該当するという[26].

このように,国は地方自治特別法の運用に関して,極めて限定的かつ消極的な姿勢を保ち続けている.それゆえ,現行の政府解釈を前提とする限り,地方自治特別法を活用することによって「領域Ⅱ」の制度を拡充させることは困難な状況にある[27].

2 道州制特区法の現状と課題
―「領域Ⅱ」への新たな可能性と限界

(1) 道州制特区法制定までの過程

2003年8月以来,北海道を対象として道州制改革をすすめようとする動向が現実の政治過程において急速に具体化した[28].全国に先駆

---

26) 松永,前掲,80-81頁.
27) こうした解釈を変更し,多様な自治制度を創設させるための運用の必要性を指摘する見解として,西尾勝「地方自治,強化は基本法で」日本経済新聞2000年5月29日,および山口二郎「一国多制度」松下圭一ほか編著『岩波講座 自治体の構想Ⅰ 課題』岩波書店,2002を参照.
28) 以下の基本的な事実経過は,北海道総合政策部地域主権局「北海道の道州制に関するこれまでの取り組み」http://www.pref.hokkaido.lg.jp/ss/cks/bunken/d-torikumi.htm および,新聞各紙の報道を参考として,引用注は最小限度に止めた.

第4章　現代日本における「領域」と「機能」

けて北海道から道州制を行おうとする構想は，2003年8月26日，小泉首相が高橋はるみ北海道知事と対談した際に，要請されたところに端を発する[29]．小泉首相が北海道において道州制改革を実行させることに関心を持った背景には，武部勤幹事長が次期衆議院選挙の公約づくりの一環として，こうしたアイデアを示し，首相がこれに応じたことがあったとされる[30]．実際，同年11月の衆議院選挙の自民党のマニフェストにおいて，北海道をモデルとした道州制特区構想が掲げられた．

このように今日の道州制特区法に至る一連の流れは中央主導によって始まったといえるが，こうした流れとは別に，北海道も堀達也前知事時代から独自の地方分権改革の一環として道州制を検討しており，2001年2月，有識者で構成された道州制検討懇話会（座長・横山純一北海学園大学法学部教授）が「道州制──北海道発・分権型社会の展望」として提言をまとめていた．また，道は高橋知事時代にも2003年8月，「分権型社会のモデル構想」をまとめ，道として北海道のあるべき地方自治制度の姿を提示していた．

小泉首相から提起された道州制改革構想を具体化するために北海道は，2003年10月，道内有識者によって構成された道州制推進会議を発足させた．同会議は，2004年までの間，8回開催された．また，2004年4月，道庁内に全庁的に道州制改革をすすめる連絡・調整組織として，道州制推進本部を設置した．

道州制改革をめぐる国と道との折衝過程において2003年12月，2004年5月に高橋知事が経済財政諮問会議において，北海道がすすめようとしている道州制改革構想を説明するなど，断続的に協議が行われた．そして先ず具体的な提案として2004年4月，道は「道州制

---

29)　読売新聞 2003年8月27日．
30)　毎日新聞（北海道版）2004年2月16日．

プログラム」,「道州制特区に向けた提案(第1回)」を決定した. 続いて道は, 2004年8月,「道州制特区に向けた提案(第1回)の具体化について」を策定し, 改めて国に提案した. 2005年4月になると, 内閣府に道州制特区推進担当室が設置されるとともに, 道州制特区関係省庁連絡会議が設置され, 事務レベルでの折衝も本格化した. また, 自民党も道州制調査会の下に, 北海道道州制検討小委員会を設置した.

しかしながら, 道の提案に対して国は一貫して消極的な姿勢に終始し, 2005年7月, 先の第1回提案に対する回答, その後の道意見に対する10月の再回答においても, 国は道が求めるような権限移譲の実行を明言しなかった.

こうした状況を打開し北海道からの提案を実現させるため, 2005年秋頃より, 道州制特区を立法措置によって実現化させる動向が具体化した. これは先ず, 自民党道州制調査会北海道道州制検討小委員会に関わる自民党議員から立法措置によってこれをすすめるべきとする声が高まった[31]. そして同年秋に行われた総選挙運動の最中, 武部幹事長は議員立法による実現を訴えた. また, 総選挙後に第3次小泉内閣が発足したことを受けて, 高橋知事は10月6日, 竹中平蔵経済財政担当大臣, 武部幹事長らに対し, 道州制特区実現に向けた推進法の制定を要請した. 10月28日には, 自民党道州制調査会北海道道州制検討小委員会は中間報告をまとめ, 道州制特区推進法を次期国会に提出することを明らかにした. その後, 全国知事会道州制特別委員会も, 道州制特区推進法の早期制定を求める緊急アピールを採択した. また, 北海道からも道議会で12月, 北海道道州制特区推進法の早期制定を求める意見書が採択された.

道州制特区推進法を具体化する動向は2006年に至り, 急速に具体

---

31) 北海道新聞 2005年10月26日.

化する．自民党道州制調査会北海道道州制検討小委員会に加え，自民党道州制推進議員連盟，関係副大臣会議，自民党北海道代議士会等が，それぞれ特区推進法についての考えをまとめた．この頃から2006年3月6日に内閣府が法案骨子を提示するまでの間，さまざまな案が明らかになった．

道州制特区推進法をめぐっては，基本法と位置づける考え方，具体的な権限移譲をすすめる考え方，さらには北海道開発事業の特例を見直して他府県並みにしようとする考え方が錯綜し，政府，自民党，道によってさまざまな折衝，議論が行われた．また，権限移譲に伴う財政資源の配分方法，あるいは北海道のみを対象とするのか等についても最後まで調整が重ねられた．その結果，2006年4月11日，内閣府によって道州制特区推進法の要綱素案がまとめられ，5月16日には自民党政調審議会総務会で法案が了承された．続いて，5月19日には「道州制特別区域における広域行政の推進に関する法律案」が閣議決定され，国会に提出された．しかしながら同法案は第164国会会期中には可決されず継続審議となった．その後，安倍内閣の発足とともに開会した第165国会において審議が再開され，11月28日には衆議院本会議で可決，12月13日には参議院本会議で可決，成立し，12月20日に公布された．

(2) 「道州制特別区域における広域行政の推進に関する法律」の概要[32]

道州制特区法の概要は以下のとおりである（図表4-1参照）．先ず第1条では「市町村の合併の進展による市町村の区域の広域化，経済社会

---

[32] 以下の説明は北海道『道州制特区推進法の概要』，大熊規義「道州制特別区域における広域行政の推進に関する法律」『ジュリスト』第1392号，2007を参照した．

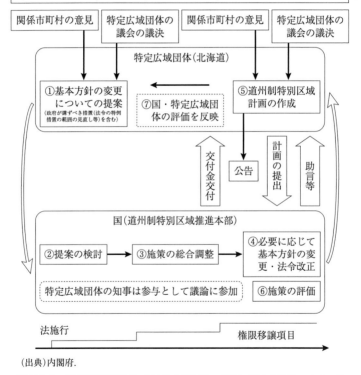

(出典)内閣府.

図表 4-1 道州制特別区域における広域行政の推進に関する法律のイメージ

第4章　現代日本における「領域」と「機能」

生活圏の広域化,少子高齢化等の経済社会情勢の変化に伴い,広域にわたる行政の重要性が増大していることにかんがみ,道州制特別区域の設定,道州制特別区域計画に基づく特別の措置等について定め,もって地方分権の推進及び行政の効率化に資するとともに,北海道地方その他の各地方の自立的発展に寄与すること」を目的と設定している.

また,第3条において「住民の福祉の向上,経済・社会の発展に寄与」することや,「国と特定広域団体との適切な役割分担及び密接な連携の下に特定広域団体の自主性及び自立性が十分に発揮されること」を基本理念として定められた.さらに第4条においては,国と特定広域団体が「広域行政を総合的かつ効果的に推進」することや,「行政を効率化」することが努力義務として定められている.

同時に,道州制特区法は当初,北海道のみを対象とした法律として作成されていたが,憲法95条に基づく住民投票を回避するという考慮もはたらき,第2条では,3以上の都府県によって構成され,政令で定められる場合には道州制特別区域として指定されることとなった.

道州制特別区域が国から権限移譲を受ける手続きとして,国は,第5条によって「道州制特別区域基本方針」を策定し,閣議決定する.また,内閣にすべての国務大臣によって構成される道州制特別区域推進本部を設置し,内閣総理大臣を本部長として,基本方針の作成,施策の実施の推進,広域行政推進の評価,広域行政推進に関する施策で重要なものの企画,立案,総合調整を行う役割を担う.

これに対して,特定広域団体は,第6条において,関係市町村の意見を聴いた上で,議会の議決を経て,内閣総理大臣に対し,基本方針の変更についての提案ができる.また,特定広域団体は基本方針に基づいて道州制特別区域計画を,関係市町村の意見を聴き,議会の議決を経て作成,公告する役割を担う.さらに政令により,北海道知事が道州制特別区域推進本部に参与として参画することができる途を

開いた.

　個別の権限移譲に関しては,北海道のみを対象として第7条によって,直轄砂防事業の一部,民有林の直轄治山事業の一部,開発道路(現行は北海道開発局による道の整備),二級河川(現行は北海道開発局による整備)が,第10条から18条までの規定において,調理師養成施設の指定,国または独立行政法人が開設する医療機関に係る公費負担医療等を行う指定医療機関等の指定,鳥獣保護法に係る危険猟法の許可,商工会議所に対する監督の一部を特別広域団体に移譲するものとしている.

　権限移譲に伴う財源については第19条において,国の直轄負担分が,特定砂防工事交付金,特定保安施設事業交付金,特定道路事業交付金,特定河川改良工事交付金として,道に裁量のある交付金として交付されることとなった.

(3)　第1～4回提案の動向

　道州制特区法が施行されて以降現在のところ同法が適用されている地域は北海道のみであり,法律の施行とともに8項目の権限が北海道に移譲された(3項目は2010年度以降).その後,北海道は施行された特区法を活用するため,有識者らをメンバーとした「道州制特区提案検討委員会」を設置し,特区法に基づいて新たな権限移譲を求めるための検討を重ね4回にわたる提案を行ってきた(図表4-2参照).

　委員会では2007年10月,第1回目の提案として,3分野5項目にわたる新たな権限移譲を国に提案するとした内容を「緊急提案」として高橋はるみ知事に答申した.その中では,①札幌医科大学の定員自由化に関する学則変更届出先の知事への変更,②労働者派遣法に基づく医師派遣地域の拡大,③地方公務員派遣法に基づく医師派遣先の拡大,④JAS法に基づく監督権限の移譲,⑤水道法に基づく監督権限

第 4 章　現代日本における「領域」と「機能」

の移譲が提案された．これらの提案内容は関係市町村からの意見聴取，道議会の議決を経て，「基本方針の変更についての提案」として正式に国に提案された．道からの提案はその後，国レベルにおいて調整が図られ，2008 年 3 月，特区法に基づいて設置されている「道州制特別区域推進本部(本部長は内閣総理大臣，すべての閣僚がメンバー)」および閣議において，③を除いて決定された(なお，②と④は全国展開)．

また，道はさらなる権限移譲を求めて 3 分野 11 項目についても検討を重ね，「道州制特区提案諮問委員会」は 2007 年 12 月，(a)国土利用の規制権限等の移譲，(b)人工林資源の一体的な管理体制の構築，(c)森林関係審議会の統合，(d)廃棄物処理法に基づく権限の移譲，(e)特定免税店制度の創設，(f)国際観光振興業務特別地区の設定，(g)企業立地促進法に基づく権限の移譲，(h)外国人人材受入れの促進，(i)地域限定通訳案内士試験における裁量の拡大，(j)町内会事業法人制度の創設，(k)法定受託事務の自治事務化，を国に提案するよう知事に答申，同案は 2008 年 3 月に道から国へ正式に提案された．

続いて，2008 年 10 月，道は，(a)維持管理費に係る国直轄事業負担金制度の廃止，(b)道道管理権限の町村への移譲，(c)福祉運送サービスに係る規制緩和，(d)コミュニティハウスの制度創設，(e)指定都市等の要件設定権限の移譲，の 5 項目を国に対して提案した．

さらに，2009 年 7 月には，(a)「条例による法令の上書き権」の創設，(b)国の出先機関等に係る予算・人員等の情報開示，(c)郵便局の活用が可能な地方公共団体事務の拡大，(d)過疎地域等における病院と診療所の連携に係る特例措置，(e)健康食品に関する北海道独自の表示基準の創設，が提案された．

第1回提案(H19.12.19提案　H20.3.21閣議決定)

	道州制特区提案の内容
地域医療	札幌医科大学の定員自由化に関する学則変更届出先の知事への変更 労働者派遣法に基づく医師派遣地域の拡大 地方公務員派遣法に基づく医師派遣先の拡大
食の安全・安心	JAS法に基づく監督権限の移譲
くらしの安全・安心	水道法に基づく監督権限の移譲

第2回提案(H20.3.31提案　H21.3.27閣議決定)

環　　境	国土利用の規制権限等の移譲 人工林資源の一体的な管理体制の構築 森林関係審議会の統合 廃棄物処理法に基づく権限の移譲
観　　光	特定免税店制度の創設 国際観光振興業務特別地区の設定 企業立地促進法に基づく権限の移譲 外国人人材受入れの促進 地域限定通訳案内士試験における裁量の拡大
地方自治	町内会事業法人制度の創設 法定受託事務の自治事務化

第3回提案(H20.10.8提案　H21.3.27閣議決定，H22.3.26一部変更)

地方自治・地域再生	維持管理費に係る国直轄事業負担金制度の廃止 道道管理権限の町村への移譲 福祉運送サービスに係る規制緩和 コミュニティハウスの制度創設 指定都市等の要件設定権限の移譲

第4回提案(H21.7.16提案　H22.3.26閣議決定)

地方自治・地域再生	「条例による法令の上書き権」の創設 国の出先機関等に係る予算・人員等の情報開示 郵便局の活用が可能な地方公共団体事務の拡大
地域医療	過疎地域等における病院と診療所の連携に係る特例措置
健康づくり産業	健康食品に関する北海道独自の表示基準の創設

(出典)北海道.

図表4-2　道州制特区

国の対応状況等	国への提案時期等
20年度省令改正により届出廃止 19年12月の政令改正により全国で実現済 北海道のニーズを見極めつつ継続検討 21年度政令改正により全国で実現 20年度政令改正により21年度移譲 財源については交付金として73万円を措置	H19/10/3 第1回答申 H19/12/12 道議会議決 H19/12/19 国へ正式提案 H20/2/14 [国]参与会議 H20/3/21 [国]推進本部基本方針変更の閣議決定
分権改革の検討状況を踏まえて検討．農地転用許可は新農地法施行後5年を目処に検討 現行制度で対応可能な範囲を明示し通知 現行制度で対応可能であることを通知 モデル事業の実施及び省令改正により対応 別の手法による実現について別途検討 別の手法による実現について別途検討 道州制の税財政等のあり方を踏まえ検討 道と定期的な意見交換を実施 道の試験実施状況を踏まえ継続検討 現行で対応可能な範囲を明確化し通知 関連の提案と一体的に検討	H19/12/18 第2回答申 H20/3/26 道議会議決 H20/3/31 国へ正式提案 H21/3/27 [国]推進本部基本方針変更の閣議決定
維持管理に係る負担金制度を廃止 分権改革推進要綱に基づき検討し全国措置 運用変更により全国展開 通知により推進．実施状況を踏まえ社会福祉法の見直しの中で制度化を検討 現行制度で対応可能な範囲を明示し通知	H20/7/18 第3回答申 H20/10/3 道議会議決 H20/10/8 国へ正式提案 H21/3/27 [国]推進本部基本方針変更の閣議決定
地方分権改革推進計画に基づき条例制定権を拡大 現行制度で対応可能である旨を通知 現行制度で対応可能な範囲を明確化し通知 基本的には対応困難．現行制度で一部対応可能である旨通知 健康食品の表示に関する検討等を踏まえ継続検討	H21/4/10 第4回答申 H21/7/3 道議会議決 H21/7/16 国へ正式提案 H22/3/26 基本方針変更の閣議決定

提案の状況

(4) 道州制特区に関わる課題

① 「「道州制」「特区」」の問題点

2003年以来,北海道においてある時期まで最大の政策課題となっていた道州制特区構想は,先に説明したような経緯をたどり2006年12月に立法化され,一応の決着を見たが,その間,さまざまな考えや利害が錯綜した.こうした政治過程を事後的に検証するなかで指摘しなければならない最大の問題点は,今回創設された「道州制特区」が「道州制」とどう違うのか,そして「道州制特区」とは何かが明確に定義されることなく議論が始まったことにより混迷が深まるとともに,国の役割・責任が不明確なまま,道州制特区によって実現すべき政策・制度をすべて自治体である北海道による提案に委ねたところにある.

国側からの説明では,「道州制」改革とは,単なる府県合併や権限移譲にとどまらない,国家統治の構造そのものを変更する改革であると定義される[33].その中には,国と地方の役割分担や税財政の配分を抜本的に見直すような改革が含まれる.

これに対して北海道を対象とした今回の「道州制「特区」」は,「「地方分権推進のモデル的なとりくみ」であり,北海道における実践により,道民や国民が「道州制特区」の成果を実感することを通じて,道州制に関する国民的な理解や議論が深まること」を期待するところに目的があるとされる.そして,「北海道は,その区域が国の地方支分部局の管轄区域と一致しているため,道州制の重要な要素の一つである「国の地方支分部局から道への権限移譲」を想定しやすく,これを進めることにより,そのメリットを実感することが可能」であることが強調される[34].

---

33) UFJ総合研究所『特区的な広域行政・地方分権の取組の経済活性化効果等に関する調査報告書』2005, 1-2頁.

第4章 現代日本における「領域」と「機能」

しかしながらこうした整理によっても,「構造改革特区」や「地域再生」と「道州制特区」との区別は判然としない.国によれば,上記のとおり「道州制」と「道州制特区」を区別しながらも,「道州制特区」によって,現行の都道府県制度を前提とするならば,国の地方支分部局を北海道へ統廃合することが可能であると理解することが可能となる.また,「道州制特区」での実践が全国展開したとしても,「道州制」に直結するものでないとされている.さらに「道州制特区」は「構造改革特区」と異なり,規制緩和等の全国展開を直接に念頭に置いた取組みではないこと,「地域再生」とも異なり,地方分権と広域行政を推進し,将来像として新たな地方自治のあり方の見直しに関連づけるという整理がされた[35].

「道州制特区」の定義に関しては,関係者の間でも共通した認識が形成されていなかった.2004年10月に,竹中大臣を座長に高橋知事ら関係者を構成員にして開催された「道州制特区に関する懇談会」において,「道州制特区」と道州制,「地域再生」,「構造改革特区」との関連が改めて整理された.担当大臣と北海道知事を交えた懇談会において,こうした基本的事項がこの時期に改めて議論されるということは,2003年8月から1年以上経たこの段階まで「道州制特区」の意味内容をめぐり,関係者間で相当な思惑の違いが存在したことをうかがわせる.同懇談会の議事概要によれば,「道州制特区」と道州制,構造改革特区などとの相違は下記のとおりである[36].

・「道州制特区」は,現行の都道府県制度を大前提とするものであ

---

34) 「特区的な広域行政・地方分権の取組の経済活性化効果等に関する調査 第2回研究会」配布資料(2004.10.27).
35) UFJ総合研究所,前掲書.
36) 『道州制特区』に関する懇談会(第1回)議事要旨(2004.10.26).

り，モデル的に，道州制に移行した場合にどういうメリット，特色があるかを国民・住民に対して発信してゆくところに意義があり，道州制とはことなるのではないか．

・道州制は，将来の国の制度として考えられる選択肢の一つ．そこに至るまでに，現行制度の中でどういうプログラムの中で検討していくのかという一つの位置づけとして「道州制特区」があるものであり，明らかに性格が違う．

・「道州制特区」は，国の地方支分部局と道庁の組織統合につながる提案であることが「地域再生」，「構造改革特区」との違い．

・「地域再生」や「構造改革特区」は，ひとつひとつの事業に着目して進めていくもの．「道州制特区」は，広域圏に着目して何を変えられるかを議論すべきもの．

・「道州制特区」の根本は，国の地方支分部局と都道府県の二重行政の解消．国の地方支分部局と都道府県の範囲が同じ事業(例えば，ネットワーク系の事業)のガバナンスをどうするかがポイント．「道州制特区」は，広域的で，国の地方支分部局と都道府県の事業の範囲を同じくするものに限定すべき．

さらに，道州制特区の提案とその具体化というプロセスに関して，国は今回の「道州制特区」はあくまでも「特区」制度であるため，国が改革の内容や概要，方向性を示すものではなく，地方からの提案が国に出された後にその内容の妥当性を検討するべきものであるとの受身の姿勢に終始した．それゆえ，「道州制特区」の提案内容のすべて

の説明責任が北海道の側に負わされることになった.

2004年に道から提案された「道州制特区に向けた提案(第1回)」,2004年8月,「道州制特区に向けた提案(第1回)の具体化について」の内容をめぐっては,国は「構造改革特区」,「地域再生」によっても対応可能な提案に止まっているとの低い評価を下していた.この点は,その後の道州制特区法に盛り込まれた権限移譲についても同様に指摘され,「道州制特区」をめぐる評価に際して,常につきまとっていた.

しかしながら,北海道は「道州制特区に向けた提案」と同様の内容を2004年,第5次構造改革特区,第2次地域再生計画に対して提案をしたが,そのほとんどが認められなかったことは改めて指摘しておくべきであろう.また,その後,2005年4月に設置された道州制特区関係省庁連絡会議における道と関係省庁との折衝を通じても具体化が進展しなかった.こうしたケースは北海道に限らず,関西の経済6団体や静岡県など,他の地域による権限移譲を求める提案に対しても,国の消極的な姿勢は共通している.

② 地方支分部局をめぐる対立

このように「道州制特区」の枠組みにおいて一体,いかなる改革を行うのかが小泉内閣および担当大臣によって整理され,表明されることがなく,混乱に拍車をかけた.また,道州制特区の政治過程を振り返れば,国の立場も時とともに変化しており,一貫性を欠いていた.

小泉内閣は当初から「道州制特区」が何を意味しているのかについて明確な説明をしていなかった.その一方で,「道州制特区」の内容の検討がすすむにつれて,北海道開発局や北海道経済産業局など国の地方支分部局を道に移管させる提案が,北海道から提起されることへの期待が急速に2004年以降強まっていった.実際,小泉首相,竹中担当大臣,武部自由民主党幹事長らは,こうした発言を繰り返して北

海道への期待,時に叱責を表明した.経済財政諮問会議における北海道道州制特区構想をめぐる議論においても,国の地方支分部局の統廃合に関心が集まり,道の側から地方支分部局の統廃合を求める提案を出すことが期待された[37].

これに対して道は,道と地方支分部局との統合は当面の課題とはせず,先ずは,各政策分野において個別の権限移譲,規制緩和,財源移譲を積み重ねることを主眼として,地方支分部局との統合は,むしろ中長期的に取り組む課題であるとの考えに立っていた.

このように当初から国と北海道との思惑は異なっており,「道州制特区」が具体化するに際して,どのような手順でどのような改革を実行するのかについての考え方が錯綜するようになる.地方支分部局の統廃合問題についてみれば,第一に,道はこれを10年程度かけて段階的に行う方針を明らかにしており,道との統合を行う前に,先ず国の地方支分部局の統合を求めるという「2段階統合論」の考えを示した[38].また,道側の「道州制特区」構想の提案においても,北海道開発局をはじめとする国の地方支分部局を積極的に統合しようとする意図はなかった.さらに,小泉内閣から期待されていた北海道開発局の吸収に関してみれば,むしろ国の行政改革の手段にされてしまうのではないかとする警戒感も当初から強かった[39].こうした事情が背景にあり,道は国による「2段階統合」の実行を訴えたが国は消極的な姿勢に止まり,道から提起された「2段階統合論」が中央政府レベルにおいて検討されることはなかった.

第二に問題となったのは,北海道開発体制をどう扱うのかであった.

---

37) 「平成15年第29回経済財政諮問会議議事要旨」(2003.12.19),「平成16年第12回経済財政諮問会議議事要旨」(2004.5.28).
38) 北海道『道州制特区に向けた提案(第1回)の具体化について』2004年8月.
39) 朝日新聞2004年2月23日.

首相をはじめとする小泉内閣、そして経済財政諮問会議メンバーが北海道の「道州制特区」に関心を寄せた最大のテーマが北海道開発局と北海道との統合であった。こうしたことから、多くの北海道関係者は、高率補助をはじめとするいわゆる北海道特例が廃止されるのではないかとする危機感を持っていた。統合の対象とされていた北海道開発局は、2004 年 4 月、開発事業費の地方負担が軽減されている特例が廃止されて他府県並みになった場合、約 1600 億円分の事業費が減少し、生産誘発額が 5400 億円減、雇用が 4 万 1000 人の減になり、多大な経済的な影響が及ぶとの試算を公表した[40]。

しかしながら、国と地方との関係を抜本的に見直すこうした改革を「道州制特区」の枠組みの中で処理することが妥当であったか否かについては、当初からさまざまな意見があった。先に見たように、小泉政権からすれば、広域自治体である北海道の単位と国の地方支分部局の管轄区域が同一であるため、府県統合を行わなくても他の地域と比べて、業務・組織を容易に地方に移管できるのではないかとする期待があった。ところが、例えば北海道開発局の業務および人員、組織を道に移管する改革を実行するには、国家公務員の地方公務員への身分の切り替え、直轄事業として行われている業務を補助事業へと移管するための法制度、財政制度上のしくみをどのように確立するのか等、国の行政のありかたを抜本的に見直す多くの検討事項が生じる。さらに北海道開発行政は法制度上、北海道開発法により根拠づけられ、閣議決定を経た北海道総合開発計画によって実行されている。2001 年に北海道開発庁は国土交通省に統廃合されたとはいえ依然として形式上、国策として位置づけられている北海道開発政策および制度を廃止するのであれば、「道州制特区」では扱わないとされていた国家統治

---

40) 『ほっかいどうかいはつグラフ』第 37 号, 2004.

のありかたを見直す事態を生じさせる．もしも，このような一大改革を実行しようとするのであれば，地方からの「特区」提案としてはじめるのではなく，国が，戦後北海道開発体制の存廃に関わるものとして検討を主体的に提起する必要があったのではなかろうか．

このように，北海道における「道州制特区」の政治過程において，議論の錯綜した問題点は，「「道州制」「特区」」という概念の不明確性，「特区」方式によってすべての改革案を地方から提案させる手法，そして小泉内閣，特に担当大臣がこうした課題を整理し方向性を明示できなかった点にあった．

③ 憲法95条に基づく住民投票

憲法95条は，特定の地方公共団体に係る法律の制定については，当該地方自治体の住民の投票が必要であると規定している．しかしながら，先に見たように，政府は95条を適用した住民投票の実施に消極的な立場をとり続けてきた．

今回の道州制特区法は，憲法95条に該当するのではないかとする指摘が当初からあり，実際，当初の法律案は「北海道道州制特区法案」とされ，憲法95条に基づく住民投票の対象となりうる可能性が指摘されていた．ところが，住民投票を回避すること，また，道州制特区を北海道以外の地域に拡大させるという理由から，今回の道州制特区法の適用を受ける「道州制特別区域」に指定される対象を拡大した．そして，北海道以外にも，「3以上の都府県の区域の全部をその区域に含むもの」であり「自然，経済，社会，文化等において密接な関係が相当程度認められる地域を一体とした地方」は，政令指定を経て同法の適用を受けることができるとされた．

道州制特区法は，形式的には全国の都道府県を対象とした性格を持った法律でありながら，北海道のみを対象とした法律であると考えら

第4章　現代日本における「領域」と「機能」

れる．現時点では，関西において，特区法に基づく「道州制特別区域」の指定要件として，広域連合の設立を加えるよう求める意見が出されてはいるが，現在のところ具体化に向けた法改正の動きは見られない．

④　道州制特区法の意義と課題

当初は実現の可能性が低く，また，成立しても基本法形式に止まるのではないかと懸念された道州制特区法であるが，2006年12月，成立した．以下，特区法の内容に関して検討し，その意義と課題を検討する．

第一に，特区法による権限移譲の成果についての評価である．今回の立法化によって実現された権限移譲項目は極めて少数に止まった．しかしながらこれら少数の権限移譲であっても今回のような立法措置を伴わなければ達成できなかったのも現代日本の中央地方関係の現実である．先に言及したように，道は2004年に第5次構造改革特区，第2次地域再生計画を通じて道州制特区の内容を提案したがほとんどが認められなかった経緯がある．さらに2005年4月から設置された道州制特区関係省庁連絡会議においても進展が見られなかった．こうした中央政府の権限移譲に対する消極姿勢は，関西の経済6団体による共同提案，静岡県の政令県構想の提案への対応と共通する．

さらに特区法の立法化に際し，総合衛生管理製造過程（HACCP）の承認等に関する事務権限をはじめとして，4項目が関係省庁によって移譲困難であると判断された．今回の特区法制定に伴う権限移譲の評価に関しては，先ず，こうした経緯を踏まえる必要がある．

第二に，4つの北海道開発事業の権限移譲に伴って，国の負担分に相当する経費が4つの事業ごととはいえ，道による裁量が高い交付金として交付されることとなった．こうした形での権限移譲に伴う財源

移譲はほとんど前例がなく，また，法案形成過程においても最後まで難航した争点のひとつであった．一方，法案に盛り込まれた交付金制度が財源面での分権を進める契機となっているとは言い難い現状がある．4つの事業に関する交付金は「主務省令で定めるところにより」算定されることになっているが，事業の執行段階で道が裁量を確保できるのか，また，国の関与を限定することができるのかが問われる．2007年度より民有林の直轄治山事業の一部の権限が移譲されたことに伴い，特定保安林施設事業交付金が交付されているが，現在のところ事業執行に際して顕著な変化は見られない．

　第三に，内閣総理大臣を本部長としてすべての閣僚が構成員となり，知事が参与として参画する途を開いた道州制特別区域推進本部が制度化された．しかしながら，推進本部が政策内容をめぐる実質的な協議の場としては活用されていない．現状では，いままで北海道が提案を行った案件を閣議決定する際の手続きのひとつになってしまっている．

　これは，96年の閣議決定を経て，ほとんどの閣僚および沖縄県知事を構成員として発足した沖縄政策協議会の帰趨とほぼ共通している．沖縄政策協議会は設立当初は前例のないしくみとして，また，沖縄問題を強力な政治的リーダーシップのもとで解決するものとして大いに注目された．しかしながら，次第に時の内閣と沖縄県知事との政治的対立によって協議会が開催されなかったり，実質的な議論が展開されるよりも行政的な手続きとしての一過程と化した面があった[41]．

⑤　第1〜4回提案と閣議決定に対する評価

　2008年3月に決定した第1回の権限移譲は，住民にとって身近な課題を解決することを目的としており，特区法施行時の8項目と比較

---

41) 民主党政権が発足し，2010年9月に5年ぶりに沖縄政策協議会が開催され，今後，新たな振興法と米軍基地問題を話し合う場として活用されることとなった．

第4章　現代日本における「領域」と「機能」

すれば「わかりやすい」項目であった．①〜③は地方において深刻化している医師不足への対応策の一環であり，④はミートホープ食肉偽装事件で明らかになった国の出先機関(農林水産省北海道農政事務所)と道の錯綜した権限を道に一元化することを，⑤は北見市で発生した断水事故への対応を教訓として厚生労働省水道課から道への権限移譲を求めたものである．こうした地域における具体的な問題解決を図るための特区法の活用は，いっそうの地方分権をすすめる一段階として評価することができよう．

一方，これから道はJAS法や水道法に基づく監督権限を適切に行使する行政能力，すなわち，専門知識，情報収集，迅速に問題に対応する体制を整備していることを示してゆく必要があろう．権限を持つこととこれを使いこなす能力は別個のものである．

また，今回の権限移譲は「いっそうの地方分権」をすすめるという観点から評価することができるが，「道州制」という究極の大改革を目指すのであれば，個別の事務にかかわる権限移譲に止まらずまとまりをもった「政策」を単位とした権限移譲を実現させることが求められる．こうした観点から見れば，08年3月に新たに提案された(a)国土利用の規制権限等の移譲では農地転用と保安林指定・解除の権限移譲を求め，将来的には国土利用計画法や都市計画法に関する国の関与を廃止することを目指しており，自治体が総合的に土地利用権限を持つことを最終的な姿としている．今後，こうした新たな提案が実現し，「道州制らしさ」が明瞭になることが期待されたが，現在のところ，国の消極的な姿勢によって阻まれている．

さらに，北海道経済の振興に密接にかかわる観光政策では，(e)〜(i)のように包括的で大胆な提案がみられ，道はカジノの開設を特区法によって実現させる検討も行った．ところが，(e)，(f)のように沖縄県にのみ認められている税制上の特別措置を北海道に実現させるこ

181

とは容易ではない．例えば，特定免税店の導入についてみれば，これが沖縄にのみ導入された背景には，沖縄という「領域」が国策として持っている政治的重要性が関連していることは改めて指摘するまでもない．

また，観光を地域政策の中心にすえている自治体は北海道だけではなく，カジノ設置を地域経済活性化の起爆剤ともくろむ地域は全国至るところにある．米軍基地を擁する三沢市も特定免税店を構造改革特区で導入しようとしたが，認められなかった経緯がある．沖縄の場合，制度上これを裏づけているのは沖縄振興特別措置法であり，これに基づいて策定される10ヵ年の沖縄振興計画に位置づけられている．

さらに，特定免税店の導入を実現するためには，既存の小売店や製造業者などとの利害調整を図ることに加えて，観光業界のみならず道内の世論，関心を盛り上げる広範な運動も必要になる．しかしながら，こうした特区法を通じた提案は，観光政策の中で，また，北海道を含めた観光関係団体のなかで，特定免税店の位置づけは希薄な存在に止まっている現状がある[42]．

今後，特定免税店に限らず，こうした特例がなぜ北海道に必要なのか，国を説得するための「理論武装」をどのように行うのか，また，実現させるための「政治力」をどう結集できるのかが問われよう[43]．そして，北海道におけるとりくみがいかに日本の分権型社会のモデルになりうるかを明確かつ説得力をもって絶えず道内外に明示できるかが重要になる．

一方，国は道からの正式提案の検討に際して，特区法の趣旨に即し

---

42) 関係者へのインタビューによる．
43) 自民党は，観光分野における特例の根拠となる法律として，特定免税店の設置などを目的とした北海道観光振興特別措置法案を2009年7月に，続いて2010年4月に再び提出した．

てこれらを最大限に尊重するべきである．先にみたように，道州制特区推進法は自民党政権時代の内閣提出法案であるものの，地方分権の推進は民主党政権においても重要な政策課題に位置づけられている．もし仮に北海道からの提案を承認しないのであれば，中央政府の側がその理由を具体的に説明しなければならない．実際，特区法第6条第3項において「内閣総理大臣は，……(中略)……道州制特別区域基本方針の変更をする必要があると認めるときは，遅滞なく，道州制特別区域推進本部が作成した当該道州制特別区域基本方針の変更の案について閣議の決定を求めなければならない」としている他，第4項においても「……基本方針の変更をする必要がないと認めるときは，遅滞なく，その旨及びその理由を当該変更提案をした特定広域団体に通知するとともに，インターネットの利用その他適切な方法により公表しなければならない」と定めている．

しかしながら，今までの中央政府の対応は，第6条第3・4項の趣旨に即したものというよりも，構造改革特区において見られたような極めて消極的な姿勢に止まっている．

また，権限移譲に伴い，どのように財源を並行して移譲するかが問題化した．この間，第2次の権限移譲で認められた水道事業の監督権限について，道と厚生労働省との間で断続的に協議が重ねられてきた．道は，職員3名の増員が必要であると主張したが，厚生労働省は臨時職員の1ヵ月分の給与と旅費に相当する73万円を交付するに止まると主張した．さらに，道が住民サービスの安定的な提供に必要と考える業務量と，国が考える必要最低限の業務量のどちらに基づいて経費を積算するかの考え方の相違も明らかになった[44]．このように，道州制特区推進法の下で権限移譲が進められても，これを実行段階に移す

---

44) 北海道新聞 2009 年 1 月 16, 27 日．

ため,国との間で長期間にわたる協議が必要となり,権限移譲の必要性,それに伴う業務内容と経費の積算などの作業を個別の権限に即してひとつひとつ進める労力が道の側に負わされている現状が明らかになった.

おわりに 限定された日本の「領域政治」

「領域」と「機能」の視点から現代日本の地方自治制度を考察することによって明らかになった特徴は以下のようにまとめることができる.

第一に,現行の都道府県・市町村制は「領域」に即してさまざまな分野の政策を総合的に担っているものの,「機能別省庁」による分立化傾向が強く,地方自治体による「領域」に基づいた政策形成や執行を制約している.

戦後地方自治制度の形成とその後の展開を振り返れば,先ず,戦後改革に際して都道府県が完全な自治体へと再編された一方で,「機能別省庁」は出先機関を設置して自らの業務を直接に執行する体制を徐々に強化した.また,高度経済成長期における機関委任事務や個別補助金の増大は,都道府県・市町村が独自に政策を執行する裁量を狭めるとともに,複数の分野の政策を統合することを困難にした.こうした「機能別省庁」による分立化に対して,「領域」における総合化を高める試みとして1950年代に道州制が検討されたが実現しなかった.また,2000年の地方分権改革に際して,機関委任事務制度の廃止,必置規制の見直しなどによって地方自治体の自立性は高まったものの,依然として「機能別省庁」による個別の統制がさまざまな形で残存しており,地方自治体が独自性を発揮することを制約している.それゆえ,今もなお地方自治体への権限移譲,「機能別省庁」による法令上の統制の緩和,そして中央省庁の地方支分部局の統合を目論む道州制は多くの論者によって達成すべき政策課題として位置づけられ

ているのである.

また,国土開発政策の観点から北海道および沖縄に設置されていた「領域別省庁」の活動について見ても,「機能別省庁」による影響力の大きさから,独自性,総合性を発揮することが制約されていた.2001年の省庁再編に際して,北海道開発庁は国土交通省に統廃合され,同省内の北海道局として「格下げ」された.一方,沖縄は内閣府に沖縄担当部局が設置されるとともに,2002年の沖縄振興特別措置法の制定に際して所掌事務に含まれる政策分野を拡大し,「領域」の役割を強化した.国土開発政策における「領域」の独自性は,沖縄を除き希薄化する方向での見直しが進められた.

連合王国における「領域」への権限移譲が進展する過程に関して言及すれば,連合王国のケースでも,福祉国家化,そしてケインズ主義的な開発政策が全国規模で進められていた時代には「領域」への権限移譲の要求は政治的な影響力を強く持たなかった.むしろ,労働,福祉,財政,産業など「機能」に即した政策を全国画一的にすすめることが重視されていた時代があった.また,スコットランド省やウェールズ省の権限の拡大,「領域」に設置された議会の権限拡大は,長期にわたる過程を経て今もなお進行している.このように今日では「領域」への権限移譲が進む連合王国においても,全国レベルで「機能」に基づいた政策が重視されていた時代があること,そして「領域」の権限強化も個別の「機能」が漸進的に移譲されることによって成り立っているという長期にわたる時系列的な変化を踏まえる必要がある.

第二に,日本の地方自治制度は多様性を許容する「領域Ⅱ」よりも,画一性を志向する「領域Ⅰ」の特徴が見られる.都道府県制も名称こそ異なるものの,東京都制を別にすればほぼ同一の制度であるし,市町村制も人口規模に応じた権限の付与には差異があるが基本構造に違いはない.こうした日本の地方自治制度の画一性は,戦後改革によっ

おわりに　限定された日本の「領域政治」

て地方自治法が制定されたことによって確立した．むしろ，戦前の地方制度の方が，北海道，朝鮮，台湾，樺太など，府県制とは異なる地方制度が適用されていた．旧自治省—総務省は，地方自治制度の運用に際して，一貫して総合性と普遍主義を基本原理とし続けている．戦後改革以降の運用においても多様性を許容することはなく，近年の構造改革特区法，道州制特区法においても，将来的な全国展開を前提とした特例の付与が基本方針となっている．

このような画一性を基本とした日本の地方自治制度は，フランスと共通性を見出すことができる．フランスの中央地方関係の考察においても「領域」の概念が用いられるが，これは連合王国にみられる「領域Ⅱ」ではなく「領域Ⅰ」の意味を持っている．しかしながら，こうした構図は決して固定的なものではなく，2003年の憲法改正によってコルシカ島や海外領土における特例を認める方向に，すなわち「領域Ⅱ」を許容する中央地方関係へと変化している．また，連合王国における中央地方関係もすべてが「領域Ⅱ」への展開としてとらえられるわけではない．「領域Ⅱ」が生じさせる諸問題の解決のため，アイルランド自治問題への対応策を講じていた時代から，全国を連邦化する「領域Ⅰ」を志向する対応策も検討されていた．

以上，連合王国，日本，そしてフランスをはじめ，それぞれの国の地方自治制度が「領域Ⅰ」または「領域Ⅱ」の特質を持っているとしても，その状態は決して固定的，不変的なものではない．フランスの地方自治制度改革のように「領域Ⅰ」から「領域Ⅱ」へ，あるいは連合王国の権限移譲における議論においては，「領域Ⅱ」による問題への対応策として「領域Ⅰ」に基づいた構想が浮上する．むしろ，こうした双方向への変化がなぜ，どのように生じるのかを，それぞれの国の憲法構造と「領域」が持つ政治的影響力に即して考察することが重要である．

第三に，日本の地方分権，道州制改革は，確かに地方における自己決定権を強化することを標榜するものが大半であるが，一方において国家公務員の数の削減，国と地方の財政再建という意味での行政改革，すなわち「小さい中央政府」の実現を主たる狙いとしているものが少なくない．特に，地方支分部局の事務と組織をそのまま地方に移管させることによって，二重行政の解消，国家公務員数の削減を目的としている．さらにいくつかの道州制構想では，限りなく個々の道州の域内で歳入と歳出を完結させるいわば「自給自足型」の財政構造の確立を目指しているものもある．

　これは，連合王国の権限移譲とは極めて対照的であり，現代日本の分権，道州制改革の特徴である．19世紀後半のアイルランド自治問題の検討に際しては自立型の財政制度を確立させようとしたが見送られた．現在のスコットランド，ウェールズ，北アイルランドにおける分権は主として立法権の強化が目的であり，日本の分権改革のような国家公務員数の削減や財政再建が目的とされることはなかった．

　第四に，北海道，沖縄，東京など限られた都道府県においては国主導の行政レベルにおける「上から」の「領域」化が見られたものの，立法権の強化や政治参加の拡大を求める「下から」の「領域」化の動向が弱い．その結果，日本においてあらわれる「領域Ⅱ」の動向は政治的というよりもむしろ行政的な次元での現象としての傾向が強い．これを連合王国における「領域」と比較すれば，「領域」に基づいたアイデンティティが自己決定権の確立を求める運動として顕在化し，政治化する契機が弱いこと，さらには「民主主義の赤字」を引き起こすような政治状況が構造化しなかったことから，権限移譲を求める声は大きな政治勢力に成り得ていない．

　確かに，典型的な権限移譲を行い，独自の議会が活動しているスコットランドの現状と日本の「領域」を比較すればその違いは明白であ

おわりに　限定された日本の「領域政治」

ることはいうまでもない．しかしながら，本書で詳述したように，スコットランドにおいても今日に通じる「領域」に即したアイデンティティがはるか以前から政治化していたわけではないし，スコットランド省の「機能」もはじめから総合性を兼ね備えていたわけではない．長期にわたる政治的な変動を重ねることによって今日の「領域政治」が成り立っている．また，イングランドのノース・イーストのように「領域」に即したアイデンティティが政治化せず，また移譲される「機能」が限定されていたことで権限移譲の改革が挫折した事例もある．さらには，ウェールズのように，スコットランドと比較すればはるかに限定された権限移譲に止まっていた「領域」が，漸進的な発展を遂げる事例もある．日本においても，将来，北海道や沖縄において，「領域」に即した自己決定権を要求する動向が強まるかもしれない．

　このように，権限移譲の改革がどのように実現するのかは，それぞれの国の憲法構造，「領域」の独自性を踏まえたうえで，(1)「機能」が個別的に付与される段階から次第に拡大する過程と，(2)「領域」の自己決定権の強化，すなわち，当初は行政上の権限移譲であったものが，次第に2次立法権，さらには1次立法権を移譲されるように自治権を拡大する過程，の双方を動態的にとらえてゆく必要がある．

　こうして「機能」の拡大と「領域」の政治化から，権限移譲をとらえた場合，図表5-1のように表すことができる．スコットランドがたどった経過は，①から②，そして③への変化としてとらえることが可能であるし，スコットランドとウェールズ，ノース・イーストとの違いも可視化してとらえることができる．スコットランドと比較した場合，現代のウェールズは④に位置づけられ，今後の動向次第では，③へと発展するかもしれない．さらには，北海道や沖縄など，日本の「領域」と連合王国の「領域」との差異を説明することができる．このように，権限移譲を2つの要因が変化する過程としてとらえるこ

189

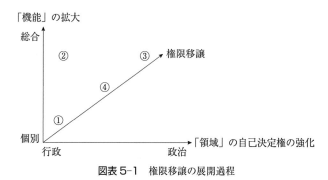

図表 5-1 権限移譲の展開過程

とによって,それぞれの「領域政治」の特質を理解することが必要である.

　以上,本書では連合王国を中心に,現代国家の中央地方関係において「領域」が政治的な意味を有する条件を「領域」と「機能」との相互作用を検討することによって明らかにしてきた.しかしながら,連合王国の「領域政治」を理解するために,また日本との違いをいっそう明確にするためには,さらに以下の残された課題に取り組む必要がある.

　第一に,国際化,グローバリゼーションが「領域」に与えた影響を,より具体的に明らかにしなければならない.EU の存在は決してゼロサム的に国家主権の能力を低減させているわけではないが,EU がさまざまな政策を通じて直接,地方政府との結びつきを強めることは,国家の役割を相対化するように作用している.これに対して,日本の場合,EU をはじめとする超国家組織の存在が「領域」に対して直接に影響を与える契機が未だに弱い.

　第二に,「機能」に対して「領域」に基づいた政策の形成・執行,あるいは行政組織の再編,さらには権限移譲を実現させるためには,

おわりに　限定された日本の「領域政治」

内閣を中心とした政治の強力な指導力が発揮されなければならない．連合王国の場合，政権交代を機にその時々の政権党が自らの政権公約を実現するために，地方自治制度の改革，中央省庁組織の再編を行う．これに対して，日本の地方自治制度は，市町村合併や関与の縮小を中心とした分権改革が進められたものの，画一的な都道府県・市町村制は基本的に維持されてきた．今日，いっそうの行財政権限の移譲を中心とした改革が求められているものの，その実現は困難が予想される．また，「領域別省庁」の役割も，「機能別省庁」との関係で充分な権限が付与され，「領域」の利益を体現するための活動が行われているとは言い難い．むしろ，「機能」に基づいた政策，そしてそれを実行する行政組織が分立している傾向が強い．こうした「領域」に基づいた政策，さらには行政組織が確立していない要因を，内閣を中心とした統合力のあり方に求め，検討してゆくことも必要である．

あとがき

　本書は，筆者が在外研究を始めた頃より着手した連合王国のスコットランド政治研究をまとめたものである．現代日本の地方自治を専門とする筆者にとって，当初は偶然にも等しい状況で着手したテーマであったが，幸運にも恵まれながら今日に至るまで当該研究課題を継続することができた．特に，筆者の留学先であったアバディーン大学において知遇を得た現代英国政治の第一人者であるグラント・ジョーダン教授，そしてスコットランド政治の代表的な若手研究者であるポール・キャーニ上級講師と今日に至るまで交流を続けられていることによる恩恵は計り知れないものがある．両氏は折に触れて筆者の研究に対して貴重なコメントを与えてくれるとともに，現実のスコットランド政治をより深く理解するために不可欠な研究者，政治家をはじめとした多くの関係者を紹介してくれた．もし本書から「スコットランドらしさ」を感じ取ることができるとするならば，それは彼らのおかげである．

　そのこととも関連するが，現在，連合王国の政治学において「領域政治」が発展し続けるとともに，権限移譲から10年余りを経てその研究成果が次々と明らかになった時期と本書の執筆が重なったことは，筆者が研究をまとめるに際して幸運であった．それとともに，スコットランドをはじめウェールズ，北アイルランドにおいて，現実政治におけるそれぞれの「領域政治」は常に新しい動向を示し続けており，研究対象への知的関心を絶やすことなく今日まで維持することができたことも大変ありがたかった．こうした中，連合王国の権限移譲を内在的に理解するためには，19世紀末のアイルランド自治問題をいか

に理解するか，そして当時，憲法学者であるダイシーが提示した論点といかに取り組んでゆくかが，最も重要なテーマであることを繰り返し痛感したが，これは本書に残された最大の課題である．今後の研究課題としたい．

　また，紙幅の関係上，すべての方々のお名前をあげることはできないが，筆者が研究をまとめる過程では日本においても多くの方々から貴重な示唆や協力をいただくことができた．特に，執筆の最終段階で北海道大学大学院法学研究科の政治学講座が主催する研究会において報告を行ったことは，本書の取りまとめに際して重要な機会となった．日頃から常に貴重な示唆を与えてくれている法学研究科政治学講座の同僚には改めて感謝したい．学外においても，学会，研究会などの場で有益なご意見をいただくことができた．特に，本書の草稿に目を通し，連合王国の政治を専門とする立場から助言を与えてくれた若松邦弘准教授(東京外国語大学)，小舘尚文氏(ロンドン大学キングス・カレッジ国立衛生研究所附属「医療安全・サービスクオリティ」研究所研究員)には記して厚くお礼申し上げる次第である．さらに，スコットランドのみならず，本書第4章で扱った日本の「領域政治」の検討に際して，多くの行政機関，研究機関の関係者から貴重なインタビューの機会，そして関係資料を提供していただくことができた．そして，ますます多忙化する昨今の大学の環境にもかかわらず，執筆活動に集中することを容認してくれた北海道大学公共政策大学院，同大学院法学研究科にも感謝したい．また，拙著の刊行に多大な協力をいただいた岩波書店の伊藤耕太郎氏にもお礼申し上げる．

　なお，本書はほとんど書き下ろしに近い形で執筆し，取りまとめられたものであるが，下記のいくつかの拙稿が参照されている．「リージョナリズムと中央・地方関係――スコットランド分権改革の動向」(辻康夫・松浦正孝・宮本太郎編著『政治学のエッセンシャルズ――

あとがき

視点と争点』北海道大学出版会，2008，第20章），「スコットランド分権改革の経過と課題」（若松隆・山田徹編著『ヨーロッパ分権改革の新潮流――地域主権と補完性原理』中央大学出版部，2008），"Regionalism and Governing Style in the UK and Japan: A Comparative View on Devolution",『年報公共政策学』第4号，2010，"The Transformation of Governing Style in Scotland—Between the Union and Local Government",『北大法学論集』第55巻第4号，2004，「スコットランドから考える道州制」『都市問題』第98巻第8号，2007，「道州制特区推進法から1年 北海道にみる権限移譲の実態」『日経グローカル』第98号，2008，「不十分な北海道の道州制特区改革」『週刊エコノミスト』第85巻第49号，2007.

　さらに，日本から遥か彼方にあるスコットランドを対象とした研究を継続することができたのは，日本学術振興会をはじめとした科学研究費補助金の交付を受けられたことが極めて大きい．本書は，筆者が研究代表者としてすすめてきた2005-2007年度日本学術振興会科学研究費若手研究(B)，2009-2010年度日本学術振興会科学研究費基盤研究(C)による研究成果を基本としている．そして，研究分担者として参加した以下の科学研究プロジェクトである，2004-2006年度文部科学省科学研究費補助金学術創成研究(2)，2006-2007年度科学研究費基盤研究(C)，2009-2010年度基盤研究(A)（海外学術調査），2010年度基盤研究(A)において得られた知見を加えている．これらの諸研究に参加する機会を与えていただいた研究代表者の先生方に感謝申し上げる次第である．また，第4章は，財団法人北海道開発協会より助成を受けて小磯修二釧路公立大学学長とともに行った共同研究の成果の一部を利用している．研究機会を与えていただいた北海道開発協会および当該研究において有益なコメントをいただいた小磯教授には改めて感謝申し上げる．さらに，本書の刊行に際しては，吉田文和北海道

大学経済学研究科教授をはじめとする「低炭素社会形成のための教育プログラム作成プロジェクト」より出版助成を受けることができた．同プロジェクト事務担当の近藤美恵さんには索引づくりでご助力いただいた．記してお礼申し上げる．

　本書を刊行することができたのは，こうした数多くの方々から得ることができたご支援の賜物である．最後に，研究に専心する環境をつくり，理解を示してくれた家族の協力にも記して感謝したい．

　2011年3月　アバディーン

連合王国の権限移譲(devolution)に関する略年表

1603	スコットランドとイングランドとの同君連合.
1707	合併法(イングランドとの連合王国の成立).
1715	ジャコバイトの反乱.
1745	ジャコバイトの反乱.
1800	合併法(1801にアイルランドとの連合王国が成立).
1885	スコットランド省(the Scottish Office)設置.
1886	グラッドストン内閣,第1次アイルランド自治法案を提出,否決される.
1893	グラッドストン内閣,第2次アイルランド自治法案を提出,否決される.
1912	アスキス内閣,第3次アイルランド自治法案を提出,14年に成立.
1920	アイルランド統治法成立.南北アイルランドに議会を設置.
1922	南アイルランド,連合王国から離脱しアイルランド自由国を発足させる.
1934	スコットランド国民党(the Scottish National Party——以下,SNP)設立.
1939	スコットランド省の機能拡大,エディンバラで業務を行うように.
1949	アイルランド共和国発足.
1964	ウェールズ省(the Welsh Office)設置.
1966	プライド・カムリ(Plaid Cymru)が下院補選で初めて議席を獲得.
1967	SNPが下院補選で議席を獲得.
1968	北アイルランドで公民権運動が拡大,各地で暴動も発生.
1970	北海油田が発見される.
1972	連合王国政府,北アイルランド議会の活動を停止,直接統治を行う.
1973	王立憲法問題委員会であるキルブランドン委員会,スコットランド,ウェールズへの議会設置を含めた多数意見と,行政権の移譲

	に留める少数意見を併記した最終報告を提出.
1974	2月・10月の総選挙でSNPが躍進(それぞれ7, 11議席獲得). プライド・カムリもそれぞれ, 2, 3議席を確保.
1978	スコットランド議会, ウェールズ議会設置に関する法案が成立. スコットランドへの一括交付金を算定するバーネット・フォーミュラを導入(その後, ウェールズ, 北アイルランドにも適用).
1979	3月, スコットランド議会設置を問う住民投票が行われ, 僅差で多数を確保するものの, 絶対得票率40%の条件を満たせなかったため成立せず. ウェールズでも住民投票が行われたものの, 反対多数で成立せず. 両地域の分権法は無効に. 5月, 保守党が総選挙で勝利. サッチャー政権発足.
1986	グレーター・ロンドン・カウンシルが廃止される.
1989	サッチャー内閣, 人頭税をスコットランドに導入(翌年, イングランド・ウェールズにも適用). スコットランド憲政会議(the Scottish Constitutional Convention)発足. 議会設置を求める市民運動が広がる.
1996	地方政府改革によりスコットランド域内は32の1層制のカウンシルに再編される.
1997	5月, 労働党が総選挙で勝利. ブレア政権が発足. 9月, スコットランド議会設置を問う住民投票が行われ, 課税権を持つ議会の設置が多数で認められる. ウェールズでも住民投票によって僅差の多数で議会設置が認められる.
1998	4月, イギリス・アイルランド政府によるベルファースト合意. 5月, 南北アイルランドで, ベルファースト合意に関する住民投票が行われ, 多数の支持を獲得. 5月, ロンドン市長と議会設置を問う住民投票が行われ, 多数によって認められる. 6月, 北アイルランド議会選挙. 7月, ウェールズ統治法(the Government of Wales Act 1998)が成立. 11月, スコットランド法(the Scotland Act 1998)が成立.

連合王国の権限移譲(devolution)に関する略年表

1999	5月，第1回のスコットランド議会選挙が行われる．労働党が第1党となり，自由民主党と連立政権を発足させる． 11月，グレーター・ロンドン・オーソリティ法(the Greater London Authority Act of 1999)成立．
2000	2月，北アイルランドの自治が停止，5月に復活． 10月，スコットランド政府初代首相のドナルド・ジュワーが急逝，ヘンリー・マックリーシュが第2代首相に．
2001	ヘンリー・マックリーシュ首相が事務所の経費問題で辞任，ジャック・マッコーネルが第3代首相に． 大学の授業料無料化法が成立．
2002	高齢者ケアの無料化サービスはじまる． 10月，北アイルランドの自治が停止され，連合王国政府による直接統治に．
2003	第2回スコットランド議会選挙が行われる．労働党が第1党となり，再び自由民主党と連立政権を継続させる．
2004	10月，スコットランド議会棟竣工(完成が3年遅れ，建設費用が当初の10倍に)． 11月，イングランドのノース・イーストで地域議会設置を問う住民投票が行われ，反対多数で否決される．
2005	公共空間での喫煙を制限する禁煙法が成立．その後，全英に広がる．
2006	7月，ウェールズ統治法(the Government of Wales Act 2006)成立．立法権拡大の余地が広がる．
2007	5月，第3回スコットランド議会選挙が行われる．SNPが第1党となり，アレックス・サーモンドが首相に指名され少数与党として政権を発足させる． 5月，北アイルランド議会・政府による自治が復活．
2009	6月，連合王国政府のカルマン委員会，スコットランド分権改革10年を検証し，いっそうの行財政権限の移譲を勧告する報告書を発表．
2010	5月，総選挙の結果，保守党が第1党となり，自由民主党との連

199

	立政権発足.
2011	3月, ウェールズ議会の立法権拡大を問う住民投票が行われ, 賛成多数. 5月, スコットランド議会選挙でSNPが過半数を超える議席を獲得.
2012	5月, カルマン委員会勧告に基づく権限移譲を実行するスコットランド法が成立(所得税の10%分をスコットランド議会が決定, 不動産印紙税, エアガンの規制, 自動車のスピード規制等). 5月, アルコールの最低価格法がスコットランド議会で成立. 10月, キャメロン首相とサーモンド首相が, スコットランドの独立を問う住民投票の実施で一致(エディンバラ合意).
2014	9月18日, 独立を問う住民投票が行われ, 約55%の反対, 約45%の賛成, 投票率は約85%. 11月, スミス委員会が権限移譲を勧告, 翌年, スコットランド法案として上程.
2015	5月, 総選挙で保守党が勝利. SNPも歴史的勝利(59議席中, 56議席獲得).
2016	1月, イングランドを対象とした都市・地方政府分権法が成立. 3月, スコットランド法2016が成立(すべての所得税, 間接税10%その他の財源移譲, 福祉政策に関する権限移譲). 5月, スコットランド議会選挙でSNPが勝利. 少数与党として政権を維持. 6月23日, EUからの離脱を問う国民投票が行われ, 約52%の離脱, 約48%の残留, 投票率は約72%. スコットランドでは, 約62%の残留, 約38%の離脱, 投票率は約67%.

(注) 本略年表を作成するに際して, 戒能通厚編『現代イギリス法事典』新世社, 2003, 337-339, 359頁, リチャード・キレーン(岩井・井藤訳)『図説スコットランドの歴史』彩流社, 2002, 11-20頁, Hassan, G., *A Guide to the Scottish Parliament*, Edinburgh, The Stationary Office, 1999, pp. 161-172, およびBBCスコットランド等の報道を参照した.

索　引

あ 行

アイデンティティ(identity)　4, 6, 19, 27, 28, 30, 37, 42, 188, 189

アイルランド自治問題(Irish Home Rule)　8, 14, 22, 48, 54, 57, 58, 60, 63, 71, 187, 188

新しい政治(New politics)　18, 89-91, 97, 130, 131

移譲権限(devolved powers)　2, 34, 78-80, 98-100, 105

1次立法権　34, 41, 49, 77, 78, 81, 109, 189

一括交付金(a block grant)　7, 18, 65-67, 70, 72, 81

EU(European Union)　3, 66, 79, 80, 99

ウェストミンスター議会　7, 18, 31, 34, 35, 39, 41, 43, 51, 55, 57, 60-62, 78, 80, 82, 86, 91, 93-95, 98-101, 108, 109

ウェスト・ロジアン問題(the West Lothian Question)　7, 14, 18, 54, 58, 60, 63, 64, 73, 109

ウェールズ議会(the National Assembly for Wales)　38-40, 42, 47, 70

ウェールズ省(the Welsh Office)　38, 39, 67, 186

エージェンシー(agency)　111, 112, 130, 136

NHS(National Health Service)　59, 61, 66, 111, 137

NDPBs(Non Departmental Public Bodies)　18, 19, 111, 112, 136-140

沖縄　12, 13, 26, 150, 151, 154-156, 158, 181, 182, 186, 188, 189

か 行

カウンシル(council)　40, 97, 117, 119, 120, 124-128, 132

カウンシル・タックス(Council Tax)　103, 115, 118, 133

カウンティ(county)　115, 117

画一的(性)　10-13, 51, 120, 143, 144, 156, 159-161, 186, 187, 191

課税権　34, 64, 72, 81, 108

ガバナンス(governance)　18, 111, 140, 141, 174

カルマン委員会(the Calman Commission)　72, 107, 109

議院内閣制　104

北アイルランド議会(the Northern Ireland Assembly)　49, 52

北アイルランド省(the Northern Ireland Office)　48, 67

機能(function)　1, 2, 9, 11, 12, 14, 15, 17, 19, 23, 24, 34, 38, 42, 44, 67, 143, 144, 148-150, 157-159, 185, 186, 189-191

機能別省庁　1, 146, 148, 156, 158, 185, 186, 191

強制競争入札(Compulsory Competitive Tendering)　116, 119

行政上の権限移譲(administrative devolution)　24, 39

協定(concordats)　105, 106

グラッドストン(Gladstone, W. E.)　8, 47, 54, 56, 60

グレーター・ロンドン・オーソリティ(the Greater London Authority)　46, 119

グレーター・ロンドン・カウンシル(the Greater London Council)　46, 117
グローバリゼーション(globalization)　3, 190
ケインズ主義　32, 186
権限移譲(devolution)　2, 3, 7, 8, 12, 13, 18, 21, 22, 29, 32, 34, 35, 39-43, 47-54, 56-58, 61, 62, 64, 65, 70, 72, 73, 80, 105, 107, 108, 111, 143, 150, 153, 155, 160, 164, 165, 168, 169, 172, 175, 179, 180, 181, 183, 184, 186, 188, 190
　不均一な権限移譲(asymmetrical devolution)　7, 13, 21, 52, 54, 57, 58, 60, 63, 73, 76
権限踰越(ultra vires)　115
憲法(constitution)　2, 8, 11, 13, 14, 21, 22, 33, 34, 47, 54, 55, 60, 62, 73, 74, 77, 80, 81, 88, 108, 131, 143, 145, 161, 167, 178, 187
権力共有(power-sharing)　49
公共政策　19, 40, 42, 80, 94-96, 101, 103, 104, 109, 111-113, 130, 135, 136, 140
構造改革特区　160, 173-175, 179, 182, 183
合同閣僚委員会(the Joint Ministerial Committee)　105-107
交付金　81, 108, 168, 179, 180
公務員制度(Home Civil Service)　88, 96, 109
国会主権(parliamentary sovereignty)　6, 8, 51, 54, 55, 57, 73, 77, 80, 81, 115

さ 行

最高裁判所(the UK Supreme Court)　106
サッチャー(Thatcher, M.)　30, 46, 116, 118, 121
シティズンシップ(citizenship)　7, 73, 74
住民投票(referendum)　4, 5, 13, 30, 32, 34, 35, 38, 39, 41, 44-46, 48, 78, 80, 92, 104, 145, 161, 167, 178
小選挙区制　39, 63, 82, 87, 126, 127
新公共管理論(the New Public Management)　116, 119, 140
人頭税(Poll Tax)(コミュニティ・チャージ, Community Charge)　30
枢密院司法委員会(the Judicial Committee of the Privy Council)　105, 106
スーウル・モーション(Sewel Motion)　61, 99-101, 108
スコットランド監査院(Audit Scotland)　102
スコットランド議会(the Scottish Parliament)　7, 17, 18, 22, 29, 34-36, 40, 42, 46, 47, 61, 62, 77-84, 86-91, 93-95, 97, 98, 100-103, 108-112, 120, 124, 125, 129, 131, 138
スコットランド憲政会議(the Scottish Constitutional Convention)　31, 32, 89, 92, 123, 137
スコットランド国民党(SNP: the Scottish National Party)　5, 27, 29, 32, 63, 71, 82, 87, 99, 103, 120, 132-135
スコットランド省(the Scottish Office)　15-17, 23, 24, 26, 36, 38, 39, 42, 67, 88, 121, 122, 129, 135, 186, 189
スコットランド政府(the Scottish Government)　18, 36, 46, 80, 83, 86-91, 93, 95, 97-99, 101-106, 108-112, 121-131, 133-139
スコットランド地方政府協議会(COSLA: the Convention of Scottish Local Authorities)　114, 121, 125, 127, 133, 134
スコットランド法(the Scotland Act)　35, 78, 80, 88, 99, 104

ステイト・オブ・ユニオンズ(a state of unions) 18, 75, 76
政策共同体(policy communities) 15, 17, 121
　機能的政策共同体(functional policy communities) 15, 17
　領域的政策共同体(territorial policy communities) 15
総合性 12, 157, 159, 160, 187

た 行

ダイシー(Dicey, A. V.) 8, 55
地域再生計画 160, 173, 175, 179
地方ガバナンス法(Local Governance Act) 19, 126, 128, 129, 132
地方自治特別法 13, 145, 161, 162
地方支分部局 147, 150, 154, 156, 157, 160, 172-177, 185, 188
地方政府 2, 3, 9-11, 14, 44, 53, 78, 81, 101-103, 111-127, 129-133, 135, 136, 190
地方政府法(スコットランド)(Local Government Act) 19, 116
地方分権(改革) 10, 12, 49, 144, 148, 149, 153, 159, 160, 163, 172, 181, 185, 188
ディストリクト(district) 115, 117
東京 13, 145, 148, 186
統合 1, 6, 8, 10, 12, 13, 21, 88, 114, 146, 147, 150, 159, 169, 174, 176, 177, 185
道州制 144, 146-156, 159, 163, 173, 174, 181, 188
道州制特区 151, 153-155, 164, 167, 172-180
道州制特区法(道州制特別区域法) 19, 151, 152, 154, 156, 160, 162, 163, 165, 167, 168, 178, 179, 182
独立(independence) 5, 27, 32, 74, 94, 104

都道府県制 145-149, 173, 186

な 行

ナショナリスト(nationalist) 27, 30, 32, 34, 49-52, 57, 104
ナショナリズム(nationalism) 23, 26, 27, 29, 30, 74
2次立法権 78, 189
ノース・イースト(North East) 45, 46, 189

は 行

バーク(Burke, E.) 56
バーネット・フォーミュラ(the Barnett Formula) 7, 18, 61, 65-70, 72, 73, 106, 109
PFI(Private Financial Initiative) 116, 119
比例代表制 18, 19, 39, 49, 51, 52, 63, 64, 82, 87, 89, 97, 123, 124, 126, 127, 132
福祉国家(Welfare State) 6, 7, 32, 33, 73, 186
プライド・カムリ(Plaid Cymru) 37, 41
ブレア(Blair, T.) 34, 44, 59, 97, 102
ベスト・バリュー制度(Best Value) 118, 119, 121, 122, 125, 135
ベルファースト合意(Belfast Agreement) 50
保守党 30-32, 38, 46, 59, 60, 63-65, 67, 71, 82, 95, 116-120, 123, 130
北海道 13, 19, 26, 144, 150-158, 161-165, 167, 168, 172, 173, 175-179, 181-183, 186-189
ホワイトホール(Whitehall) 45, 88, 89, 98, 107

ま 行

マッキントッシュ委員会(the McIntosh Commission)　123, 124, 126, 127
民主主義の赤字(a democratic deficit)　31, 44, 51, 54, 89, 188
メージャー(Major, J.)　43, 116-118
メモランダム(the Memorandum of Understanding)　83, 105

や 行

ユニオニスト(unionist)　32, 33, 38, 49, 50, 52, 55, 57, 109
ユニオン・ステイト(a union state)　18, 75, 76
ユニタリー・ステイト(a unitary state)　18, 75

ら 行

留保権限(reserved powers)　34, 39, 60, 64, 78, 88, 99, 100, 105
領域(territory)　1-4, 6-12, 14-19, 21-24, 26, 27, 31-34, 36, 37, 39, 42-44, 46, 47, 50-54, 57, 58, 61, 62, 64-77, 80, 81, 89, 94, 97, 114, 115, 143, 157-159, 182, 185-191
領域Ⅰ　11-14, 17, 19, 143, 144, 146, 148, 150, 156, 157, 159, 186, 187
領域Ⅱ　11-14, 17, 19, 143, 156, 157, 159, 160, 162, 186-188
領域政治　3, 4, 6, 8-11, 15, 17, 21, 27, 36, 37, 42, 43, 73, 75, 190
領域別省庁　1, 23, 26, 39, 156, 157, 186, 191
連邦制(federalism)　9, 10, 14, 57, 73, 77, 80, 148, 149, 152
労働党　2, 6, 32, 34, 38, 41, 46, 52, 58, 59, 63, 64, 82, 87, 95-97, 102, 106, 110, 115, 116, 118-120, 127, 129, 132-134

■岩波オンデマンドブックス■

「領域」をめぐる分権と統合
――スコットランドから考える

2011年3月30日　第1刷発行
2016年11月10日　オンデマンド版発行

著　者　山崎幹根（やまざきみきね）

発行者　岡本　厚

発行所　株式会社　岩波書店
〒101-8002　東京都千代田区一ツ橋2-5-5
電話案内　03-5210-4000
http://www.iwanami.co.jp/

印刷／製本・法令印刷

© Mikine Yamazaki 2016
ISBN 978-4-00-730533-7　Printed in Japan